AF366232

UN CURSO PARA
CAMBIAR TU VIDA

ExLibric

SONIA HEREDIA DE LA ROSA

UN CURSO PARA
CAMBIAR TU VIDA

EXLIBRIC
ANTEQUERA 2022

SONIA HEREDIA DE LA ROSA

UN CURSO PARA CAMBIAR TU VIDA

Introducción

Desconozco tu nombre, desconozco tu lugar de residencia, desconozco tus experiencias de vida, desconozco todo sobre ti, pero sí sé una cosa: si tienes este libro en tus manos es por alguna razón, las casualidades no existen.

Supongo que estás buscando respuestas, que deseas mejorar tu vida. Este libro está pensado para ayudarte a ver tu realidad desde otra perspectiva, a comprenderla mejor y así poder cambiarla. Solo desde la comprensión y el entendimiento del por qué y para qué ocurren las cosas es como se reacciona y actúa correctamente.

«No es en el exterior donde está la respuesta ni el problema, sino dentro de ti». Quizás hayas escuchado esta frase en muchas ocasiones sin comprender su verdadero significado y, por lo tanto, la hayas descartado pensando que es una estupidez. Intentaré demostrarte que no es ninguna estupidez y que realmente esto es así.

Mi intención con este libro es ayudarte a que empieces a reconocer cuáles son tus limitaciones, tus bloqueos, tus miedos… y puedas combatirlos. Te muestro distintas terapias para conseguirlo, elige tú la/s que quieras. Te doy razones científicas para que a tu mente racional le resulte más fácil comprender la «realidad» que experimentas y planteo otros temas más enigmáticos para que abras tu mente y veas la «realidad» con otros ojos. Te cuento algunas de mis experiencias por si te ayudan de alguna manera, pero ten muy claro que tu cambio depende de ti, únicamente de ti. Tú y solo tú tienes el poder.

Has de saber que somos cuerpo, mente y espíritu, no se puede trabajar en mejorar un área y descuidar otra/s, ya que somos un todo y si una sola de estas áreas no funciona, las otras se resienten. Imagina una cesta llena de frutas, si una sola de ellas está podrida, terminará contaminando a las demás, ¿verdad?

Las casualidades no existen, si este libro está en tus manos es por algo… Así que no te quedes aquí. Leas o no el libro hasta el final, te ayude o no, tú sigue buscando tus respuestas. Esto es solo un paso más hacia tu evolución, hacia tu felicidad, hacia tu despertar. Respira hondo y ¡lucha por ti! Porque lo verdaderamente importante es que encuentres tu camino.

Capítulo 1

Un poco sobre mí

¿Qué es la vida? ¿Qué hacemos aquí? ¿Qué sentido tiene? ¿Quién soy? Son preguntas que me he hecho toda mi vida, desde que era pequeña.

Esto no es una biografía, por lo tanto no te voy a contar mi vida, pero sí algunas experiencias para que comprendas cómo cosas tan simples te pueden afectar a lo largo de tu vida. Claro está que existen experiencias muy dolorosas y traumáticas, pero esas son tan evidentes que es indudable que hay que sanarlas y que se aconseja que se busque ayuda de profesionales para poder superarlas. También es cierto que existen personas con experiencias traumáticas y que no son conscientes de que les afectan tanto en su vida, creen que son experiencias normales o, aunque sepan que no lo son, creen que si las olvidan y las entierran es como si no hubieran pasado y, por tanto, no les afectan en su presente, pero sí les están dañando y seguirán haciéndolo mientras no las liberen. Espero que a lo largo de esta lectura te vayas dando cuenta de todo esto.

Yo era una niña incomprendida, rebelde, lo que se conoce como la oveja negra de la familia. No encajaba en mi familia, ni en ninguna parte. No le encontraba sentido a lo que me explicaban los adultos que era la realidad. Recuerdo un cuento que mi abuela me contaba de pequeña cuando me quedaba en su casa a dormir. Yo comprendía lo que ella me quería transmitir con ese cuento, la lección que ella quería que entendiera, pero yo no la compartía. Ese cuento causó en mí el efecto contrario al que ella pretendía. El cuento decía algo así:

Un joven casadero estaba enamorado de dos mujeres al mismo tiempo y no sabía por cuál decidirse. Su madre le dijo: «No te preocupes, yo te diré cuál es mejor candidata».

Entonces esta señora se dirigió a casa de una de estas mujeres, Rosa, y llamó a la puerta. La joven le abrió y la madre le contó un relato. Le dijo que su hijo estaba enfermo y el médico le había recomendado un ungüento hecho a base de varios ingredientes, entre los cuales el más importante eran las pelusas que se recogen en una casa. La madre le dijo que no tenía suficientes y le pedía por favor que le diera todas las que pudiera. La muchacha, deseosa de agradar, le dijo: «Espere un momento». Entró en su casa y se puso a barrer con la esperanza de recoger el máximo de pelusas posible. Muy orgullosa de todas las que había recogido, las guardó en una bolsa y se las entregó. La mujer, muy agradecida, se fue con la bolsa de pelusas.

Seguidamente, se dirigió a casa de la segunda joven, Manuela, y le contó la misma historia. La muchacha le dijo muy triste que no podía ayudarla, pues acababa de limpiar y no tenía pelusas.

La madre del joven llegó a casa y le dijo a su hijo: «Cásate con Manuela».

Ese cuento me dejó marcada. Mi abuela me quería transmitir el mensaje de que debía ser limpia para que me quisieran y encontrar un hombre para casarme. Sin embargo, a mí me molestó mucho. Mis conclusiones fueron: «O sea, para que un hombre me quiera, debo limpiar la casa y ser limpia. ¿Por qué no limpia él para que le quiera yo? ¿No me quiere por cómo soy? ¿No existe el amor a la hora de casarte, sino que te casas por los méritos que tengas? ¿Él no es capaz de elegir por sí mismo? ¿Me tiene que elegir su madre? ¿No solo tengo que gustarle a él, sino también a su madre? ¿Mi objetivo en la vida se basa en conseguir un hombre para casarme?… ¡Pues no me gusta esa vida, prefiero no casarme!».

Mi abuela, con su mejor intención y sin ser consciente, causó en mí el efecto contrario: «¿Solo por haber nacido mujer tengo que hacer ciertas cosas?». El mensaje que yo percibí era que se me estaba diciendo lo que debía hacer en esta vida, para lo que había nacido, y eso me desconcertaba. Me rebelaba ante esa imposición, no podía creer que esta vida se basara en eso, algo dentro de mí se oponía a creer que así fuera. Sentía que era tan absurdo que la vida se redujera a eso que mi decepción fue abrumante. Me negaba a creerlo, me negaba a seguir ese patrón. Sabía que eso no podía ser.

Con este relato personal quiero que empieces a entender cómo la sociedad te encasilla en un papel según tus características. A las mujeres se nos encasilla en unos papeles y a los hombres en otros; por ejemplo, ellos deben trabajar para mantener a la familia, o no deben llorar porque es de débiles… Afortunadamente, la sociedad está cambiando la mentalidad; aun así, siguen existiendo muchos papeles de los que ni siquiera somos conscientes, en los que nos han encasillado prácticamente desde el momento en que nacemos, incluso desde que somos concebidos… Más adelante irás comprendiendo todo esto que te digo, especialmente cuando empieces a analizarte a ti mismo y tus experiencias de vida.

Por otro lado, estudié en un colegio de monjas, así que imagínate la de mensajes limitantes que me transmitieron, especialmente respecto al dinero y al amor de pareja. Conclusiones mías: para ser feliz debía casarme, ser buena ama de casa, ser una buena persona para que Dios no me castigara, gustarle a la madre de mi pareja para no tenerla en contra, no debía ser rica porque las personas buenas no lo son, ya que el dinero es malo, debía ayudar a los más desfavorecidos, debía pensar en los demás antes que en mí...

Sin embargo, pensar en esa vida no me gustaba, me imaginaba mi futuro y me rebelaba. Yo quería poder decidir lo que deseaba hacer con mi vida, y no lo que los demás decidieran sobre lo que me hacía feliz o lo que estaba bien o mal. «¿Por qué debo ser una esposa sumisa y pobre? ¿Acaso es eso lo que Dios quiere para mí? ¿Para eso he venido al mundo? ¿Por qué debo creer lo que los demás me digan? ¿Cómo saben ellos lo que me conviene? ¿Cómo saben los demás cuál es la verdad? ¿Cómo saben lo que Dios quiere realmente?».

El cacao mental que yo tenía era monumental, no tenía ni idea de cómo llevar mi vida y ser feliz. Ya he probado esa vida y te aseguro que no me ha hecho feliz. De hecho, he estado intentando ser quien se supone que debía ser, pero era tan rebelde porque algo dentro de mí se negaba a seguir ese patrón, algo me decía que eso no era cierto, que esas creencias inculcadas me impedían ver la verdad. Por un lado, una parte de mí creía en lo que me habían inculcado, pero otra parte de mí se negaba. Por lo tanto, si seguía los pasos como me habían enseñado, yo no era feliz, me sentía vacía y fuera de lugar, pero si me rebelaba y hacía lo contrario, me sentía mal, culpable... Algo no encajaba en todas esas creencias, a mí no me funcionaban, yo no era feliz. ¿De verdad esta vida es así? ¿De verdad es tan insulsa, tan simple, tan sin sentido? ¿De verdad hemos venido aquí a esto, a vivir para estudiar, trabajar, casarte y tener hijos? Y los que han venido con algún tipo de impedimento para realizar esas tareas, ¿qué será de ellos?, ¿para qué han venido a este mundo? ¿De verdad es todo pura casualidad?

Yo dudaba de muchísimas enseñanzas que me transmitían los mayores, no les encontraba sentido a muchas cosas, incluidas algunas lecciones en la escuela. Había muchas «interpretaciones» —sobre todo de la vida de Jesucristo— que no me encajaban, eran contradictorias a mi modo de ver. Por ejemplo, las monjas nos decían que Dios mandó a su hijo al mundo para entender al hombre —entre otras razones, ya que, según la Biblia, vino para redimir nuestros pecados— porque hasta entonces le había impuesto al hombre pruebas de su fe muy duras[1] y Dios quería saber, a través de su propio hijo, cómo de fuertes o débiles éramos, para poder entender si nos estaba pidiendo demasiado. Y yo me preguntaba: «Entonces, si Jesús vino a comprendernos, ¿por qué no se casó? ¿Por qué no tuvo hijos? ¿Cómo puede llegar a comprendernos si no pasa por las mismas situaciones que pasamos los seres humanos?». Para mí no tenían sentido esas explicaciones. «Si Dios es amor, ¿cómo puede ser tan cruel?, ¿cómo puede castigarnos tan duramente?». Todo me resultaba contradictorio, no sabía qué creer, no comprendía a Dios, al Dios que me mostraban, así que yo me preguntaba: «¿Y si estamos equivocados nosotros acerca de Dios?».

También me hacía pensar el hecho de que existan distintas religiones y culturas en todo el mundo, y que cada uno cree fer-

---

[1] Como, por ejemplo, la prueba de Abraham, cuando le pidió que matara a su propio hijo para demostrarle a Dios su fe. Eso tampoco me lo creía, y me decía a mí misma: «Si eso es cierto, este Dios no me gusta, es muy cruel. Según dicen las monjas, Dios es puro amor; sin embargo, ¿te castiga y te pide muestras de fe tan duras? Es contradictorio, algo no anda bien…».

vientemente que su religión y su cultura es la correcta. Eso me hacía pensar que era imposible, que alguien debía estar equivocado. Yo pensaba que si hubiera nacido en otro continente o en otra región, con otra cultura y enseñanzas distintas, habría creído en ellas y pensaría que la religión católica, por ejemplo, estaba equivocada. Por lo tanto, ¿quién tiene razón?, ¿y si estamos todos equivocados? Mis conclusiones fueron que las creencias de cada sociedad no están basadas en la verdad, sino en lo que transmiten los mayores. Pero a estos mayores, ¿quién les ha transmitido sus creencias? ¿Cuál es el origen de las creencias? ¿Por qué los mayores están tan seguros de que lo que han aprendido de otros es la verdad?

Dudaba incluso de los libros de historia, me preguntaba cómo podían saber lo que ocurrió y cómo ocurrió hacía miles de años si no estaban allí. Sí, sé que a través de estudios e investigaciones, pero pensaba que solo eran conjeturas, deducciones basadas en una serie de herramientas que podían estar equivocadas. Puede ser que no tengamos tecnología suficiente como para saber con exactitud cómo se vivía en el pasado, así que ¿por qué debía aprenderme una historia que quizás era incorrecta? Lo que debía aprender era lo que a otros les interesaba, pero no era la verdad —a mi modo de verlo—. Normalmente, las historias se cuentan bajo la percepción del narrador, y dicho narrador puede tener una percepción errónea. Ocurre constantemente, seguro que has sido testigo de alguna disputa entre dos personas que conoces y cada una te cuenta su historia bajo su punto de vista, cada una te la cuenta a su favor. A ti mismo te ha debido de pasar, discutes con alguien y esa otra persona ve las cosas y las cuenta de modo distinto al tuyo.

Aprendí a callarme todas estas dudas e incongruencias que se me pasaban por la mente para poder encajar en la sociedad, para que no me mirasen como a un bicho raro, como si estuviese loca o fuese muy estúpida, ya que todos estaban completamente seguros de que lo que venía en los libros era la pura verdad, basada en estudios científicos inequívocos. Yo, sin embargo, dudaba de la exactitud de esos estudios científicos. Pero era muy pequeña e intenté aceptar lo que los demás creían como la «verdad absoluta». Traté de ser alguien que no soy, hacer las cosas como los demás querían y, como cabe esperar, iba de tropiezo en tropiezo... Me perdí a mí misma, no sabía lo que quería... Ningún aspecto de mi vida funcionaba por más esfuerzos que yo hiciera, ni en el amor, ni en la economía, ni en el trabajo... Para prepararme para la vida laboral no me basé en mis pasiones o gustos, sino en lo que tendría salida laboral o, más bien, en lo que supuestamente me ayudaría a encontrar trabajo, pero no fue así. Me enseñaron a ser trabajadora y luchadora, pero eso no me ofreció dinero para vivir con autosuficiencia o cómodamente, ya no digo para ser rica, solo vivir cómodamente y sin preocupaciones de quedarme sin dinero. No, no me ofreció eso, siempre vivía en la escasez. Pero lo que sí me ofrecieron esas enseñanzas fue mucho trabajo, eso sí. He trabajado muy duramente y ese trabajo también me ha dado muchas lesiones físicas, dolores en mi cuerpo, cansancio, preocupaciones..., pero ¿dinero? No, dinero muy poco. Es decir, he trabajado mucho por muy poco.

Siendo adulta me di cuenta de que no me conocía, que no sabía lo que quería hacer en la vida. Nada que imaginara me satisfacía. En alguna ocasión, me topé con personas que trataron de ayudarme a despertar, me prestaron libros de autoayuda, pero yo no estaba lista y no me sirvieron de mucho. Aunque no fueron en vano, pues algo en mí volvió a encenderse, esa vocecita interior que me decía que la vida no podía ser esto, que debía haber otra forma, yo sabía que algo no encajaba… Pero no hubo un detonante en mí lo suficientemente fuerte como para salir de mi zona de confort.

Cuando buscas la verdad, cuando algo dentro de ti te está llamando a despertar y no escuchas, sucede algo que te sacude y te hace desear salir de tu zona de confort. En mi caso fue la muerte de mi padre. Mi padre se fue de este plano con un cáncer. Él no quería morir, estaba aferrado a esta vida. Recuerdo que él estaba muy preocupado por las típicas catástrofes ambientales en las que moriría todo ser viviente y decía que si tuviera dinero haría un zulo para protegernos a todos en caso de necesidad. Yo le dije: «Pues yo no querría vivir así, papá. Prefiero morir en esa catástrofe que vivir varios años encerrada en un cuarto oscuro…». Él se quedó sin palabras, no me contestó. Y así era, era la verdad, odiaba este mundo, pensaba que el ser humano era lo peor de lo peor, que no merecía vivir y que lo mejor que podía pasarle al planeta y al resto de seres vivos que habitan en él era una de esas catástrofes que nos extinguiera, porque éramos la «lepra de la Tierra», éramos como una plaga que destruye todo cuanto toca.

Cuando él se fue, yo estaba muy enfadada con la vida, con Dios, con la humanidad… No entendía por qué él, que tenía tantas ganas de quedarse, se había ido, y yo, que tenía tantas ganas de irme, seguía aquí (este estado de ira es normal en un proceso de duelo). Yo tenía apatía, no tenía ilusiones por nada. Un año después de su muerte aproximadamente, ya me sentía lo suficientemente incómoda con mi vida como para buscar una salida, para encontrar respuestas y salir de mi zona de confort. Entonces fue cuando decidí tomar las oportunidades que se me presentaban para salir del estancamiento que me estaba llevando a una depresión. Tomé acción.

Unas amigas y yo, que nos encontrábamos más o menos igual, en una especie de búsqueda de cambio en nuestras vidas, decidimos hacer terapia entre nosotras —ya que no podíamos costearnos psicólogos ni nada parecido—. Ellas tenían experiencia en terapias grupales de autoayuda y psicólogos, pero yo no tenía ninguna. Nos ayudamos de un libro, *Usted puede sanar su vida* de Louise L. Hay. Ese libro fue uno de los que yo había leído con anterioridad, porque me lo prestó una buena amiga, pero en aquel momento aún estaba muy «dormida» y no llegó a calar hondo en mí.

Esto significa que según el nivel de evolución, nuestro carácter y el nivel de comprensión que tengamos, nos ayudarán unas técnicas u otras, unos libros u otros, unas personas u otras… A veces, cuando estás buscando ayuda, te llegan varias alternativas y algunas de ellas no te sirven en ese momento. Una de las razones puede ser que no estés preparado para ellas, pero te ayudan a abrirte a otras y más adelante sí estás receptivo para esas alternativas que en un pasado no tomaste o no comprendiste.

Nos reuníamos una vez por semana y leíamos el libro juntas, haciendo los ejercicios del libro y haciendo de psicólogas unas con otras (esto no lo recomiendo si no se tiene conocimientos o experiencia; aunque yo no la tenía, mis amigas sí, y ellas me enseñaron). Estábamos decididas a sacar aquellos pensamientos erróneos y limitantes que nos conducían a llevar una vida que no nos gustaba. Hicimos el pacto de silencio. Y poco a poco fuimos cogiendo práctica de cómo hacer de psicólogas para que la «paciente» pudiera sacar lo que llevaba dentro y que le estaba afectando de manera negativa, y también de cómo abrirnos y estar dispuestas a ahondar en nosotras mismas, en recuerdos dolorosos, vergonzosos... Todas hacíamos de pacientes y todas hacíamos de psicólogas, nos íbamos turnando en una misma sesión. Una vez que entré en esa dinámica, nos iban llegando oportunidades de acudir a distintas terapias por precios asequibles, me fui familiarizando con distintas técnicas de autoayuda, conociendo otras teorías de la realidad —como la física cuántica—, haciendo cursos e investigaciones. Constantemente me llegaba información nueva y más amplia y todo empezaba a encajar para mí, empezaba a encontrarle el sentido a todo...

Hubo un antes y un después en mi vida. Comencé a entender la vida, empecé a entender las leyes universales y a ser consciente de que yo soy total y absolutamente responsable de lo que atraigo a mi vida...

Cuando te enfocas en algo, el universo te lo pone por delante. Yo estaba enfocada en la búsqueda de la verdad, en mi introspección, así que se me presentaba todo tipo de ayudas: libros, terapias grupales e individuales, audios, cursos, meditación, personas con otras vibraciones que me enseñaban otros caminos y otras formas de ver la vida, etc. Sabía que había algo más grande que no podíamos percibir con nuestros sentidos y estaba dispuesta a descubrirlo.

La vida que llevaba hasta ese momento ya no me servía, ya no encajaba en ella e, inevitablemente, esa vida cambió radicalmente. Dejé a mi pareja, ya que él no quería salir de su zona de confort, aún no estaba preparado, por lo que ya no vibrábamos en la misma sintonía y la convivencia se hacía cada vez más insoportable. Cambié de residencia y de distrito. Comencé una nueva vida.

No todo era ya color de rosa, la búsqueda de la verdad y el cambio de conciencia solo habían comenzado, me quedaba, y aún me queda, mucho camino por recorrer y mucho que aprender. Pero cada vez me resulta más fácil comprender para qué experimento las situaciones que vivo, para qué atraigo a las distintas personas que voy conociendo a lo largo de mi vida. He aprendido a salir de estados de baja vibración más rápidamente, comprendo mejor qué estoy proyectando con mis pensamientos, creencias y emociones, etc.

Te cuento una pequeña parte de mi historia porque sé que si estás leyendo esto es porque también quieres mejorar tu vida o porque sientes que algo no encaja. Es un llamado de tu verdadero ser para que lo escuches por fin.

Lógicamente, mi historia está escrita de forma muy general, solo he dado algunos ejemplos para que se me entienda. Y, sobre todas las cosas, no quiero dar una mala imagen de mi familia y de nadie, los amo y me aman, solo quiero dar a entender que si las personas que te tienen que enseñar están en un error, te van a transmitir ese mismo error, pero no lo hacen para perjudicarte; muy al contrario, quieren lo mejor para ti y quieren que tengas éxito, el caso es que «no saben lo que están haciendo», ya que están frenando tu camino. No son culpables de nada, pues dan lo mejor de sí mismos y como mejor saben hacerlo. Creen saber cómo hay que vivir esta vida para que te vaya bien. El caso es que cuando hay una oveja negra en la familia es porque ha venido a transformar ciertas creencias o patrones que son erróneos y hay que corregir.

El proceso de cambio es más o menos el mismo en casi todos: algo en nuestro interior queriendo salir, personas alrededor (padres, hermanos, profesores, familiares, amigos, sociedad…) intentando que vivamos como ellos creen que es la realidad, y nosotros haciendo caso a lo que está fuera para encajar y para que nos quieran, reteniendo a nuestra alma (niño/a interior, conciencia…, llámalo como quieras) y encontrando obstáculos por donde vamos. Pero ¿sabes por qué encuentras obstáculos? Porque, entre otras razones, el camino que estás andando no es el tuyo, es el que otros quieren que andes.

Te repito, la mayoría de esas personas que intentan que sigas ese camino, como tus padres o las personas que te han criado y las que más te quieren, lo han hecho con la mejor de sus intenciones, pero dentro de su nivel de conciencia, dentro de sus creencias de cómo hay que vivir para ser feliz. No debes culparlos. La culpa, de hecho, es una de las cargas más pesadas y una de las que más te limitan a la hora de encontrar tu camino.

Sean cuales sean tus experiencias de vida, posiblemente te preguntes si esto es todo: «¿Para esto estamos aquí? ¿A qué he venido, a sufrir? ¿No hay forma de salir del rol que me ha asignado la sociedad?». Seguramente te haces otras muchas preguntas, es posible que no entiendas cómo puede haber tanta maldad en las personas, cómo hay tantas injusticias, cómo unos tienen tanto y otros tan poco, cómo mueren personas inocentes y los asesinos siguen libres… Y así miles y miles de preguntas que te puedas hacer, especialmente según tu experiencia de vida. Pero no tengas prisa por responderlas ni te enfoques en esas preguntas ahora, pues posiblemente no estás «capacitado» aún para comprender las respuestas y no te harán ningún bien.

Tampoco intentes arreglar el mundo ni comprenderlo, primero necesitas arreglarte tú y poco a poco, según vaya subiendo tu nivel de conciencia, irás adquiriendo mayor comprensión y destreza. No se puede enseñar a un niño que está en preescolar una raíz cuadrada, ¿verdad? Primero debe aprender a sumar, restar, multiplicar…, y así sucesivamente; según vaya adquiriendo conocimientos y experiencia, estará más capacitado para recibir conocimientos nuevos. Pero si no sabe sumar, ni restar, ni dividir…, será imposible que aprenda una raíz cuadrada. Pues esto es igual. Y como te dije al principio, la vida es un continuo aprendizaje. Yo no soy la misma persona que hace diez años, ni que hace dos años. Tampoco soy la misma persona que seré dentro de un año, sigo aprendiendo.

Todas las personas que desean entenderse a sí mismas, entender la vida, que se encuentran perdidas y desean una vida mejor y más feliz necesitan una chispa en su interior o un suceso doloroso que les haga despertar de ese letargo, algún tipo de detonante para desear cambiar, y no solo desearlo, sino tomar acción. Porque solo con el deseo no basta, tienes que hacer algo y, sobre todo, dejar atrás el miedo o, al menos, vencer ese miedo que te paraliza y decidir amarte lo suficiente como para accionarte a pesar de tener miedo. Una vez que empiezas a obtener resultados, te vas dando cuenta de que la única forma de cambiar es querer, buscar ayuda —cuando lo necesites—, vencer el miedo y tomar acción.

No te estoy diciendo con esto que con solo hacerlo una vez ya nunca más vas a tener miedo, ni que vas a encontrar la felicidad plena, no; pero has de comenzar en algún momento si no quieres vivir así el resto de tu vida. Cuanto antes comiences, más años de vida te quedarán para vivir como desearías. Y recuerda una cosa, no importa la edad en la que comiences a hacer cambios en tu vida y en tu conciencia, nunca es tarde para intentar ser feliz y no todas las personas necesitan el mismo tiempo en su proceso ni las mismas herramientas. Lo que sí te digo es que esta vida es un continuo aprendizaje, y cuanto más consciente eres, esos aprendizajes son cada vez menos dolorosos y más rápidos, porque ya te conoces mejor, tienes más herramientas, porque ya vas entendiendo cómo funcionan las leyes universales, tienes tu mente más entrenada, tienes más práctica, se desarrollan otras habilidades que hasta ahora no habías usado nunca o muy pocas veces, como, por ejemplo, tu propia brújula interna.

Capítulo 2

¿Cómo comenzar tu propio camino?

Lo primero que debes hacer es comprender que tu vida es el resultado de tus pensamientos, de tus emociones, de tus creencias, de tus palabras, de tus actos… ¿Cómo puede ser esto posible? Existen muchas respuestas. Es un conjunto de circunstancias el que provoca que esto suceda así. Te iré explicando a lo largo de la lectura las posibles causas.

I. Por nuestros actos

Imagino que has escuchado la expresión: «Si siembras limones, no esperes recoger manzanas». Bueno, puede que la hayas oído con cualquier otra fruta, pero el mensaje es el mismo. A esto se le conoce como karma. La cuestión es saber distinguir y darte cuenta de cuándo has sembrado el limonero. La mayoría de las veces ni siquiera somos conscientes de estar sembrándolo y cuando recolectamos limones no comprendemos por qué, ya que no relacionamos los limones que hemos sembrado en el pasado con los que estamos recibiendo en la actualidad, pues suelen venir de fuentes distintas. Por ejemplo, en una ocasión le niegas ayuda a un amigo, y más adelante necesitas ayuda de tu padre y este te la niega; son fuentes distintas, pero el acto es el mismo, no ayudaste cuando tuviste ocasión y ahora que te hace falta a ti no vas a recibir ayuda. Es un ejemplo tonto, pero es para hacerme entender mejor.

El karma es mal entendido en la mayoría de los casos. No es un castigo, nadie te castiga, ni siquiera Dios, que también es muy común echarle las culpas a Él. El karma es más bien una lección de vida, y a veces la lección consiste en comprender a qué saben los limones que has dado, para ello deberás probarlos tú también. De esa manera, si no quieres volver a comer limones, será mejor que no vuelvas a sembrarlos. Es la ley de causa y efecto, todo regresa a ti. Si lo entiendes a la primera, mejor, pero si no, si sigues sembrando limones, la vida te irá devolviendo limones cada vez más amargos, hasta que desistas en tu empeño de sembrar limones. Lo que das es lo que recibes, no por castigo, sino por ley. De igual modo, si siembras manzanas, recoges manzanas. Es decir, vas a recoger lo que siembres, sea positivo o negativo, retornará a ti.

II. Por nuestros pensamientos y creencias

Nuestra mente es muy poderosa y crea sin que te des cuenta. Voy a hablar en términos más racionales para que vayas comprendiendo. Empezaré como si supieses muy poco, pero no empezaré desde cero, porque con la información que existe hoy en día y el hecho de que estés aquí, seguro que ya te han llegado muchos mensajes, pero aún no los has interiorizado.

Supongo que has oído hablar del subconsciente y del consciente. En el subconsciente se guarda toda la información necesaria para la supervivencia, pero no lo sabes, es decir, no eres consciente de lo que sabes. El consciente es lo que controlas, lo que haces a voluntad, lo que sabes que sabes. Pues bien, el subconsciente abarca entre un 80 % y un 95 % de la mente (no te doy cifras exactas porque no he oído a ningún científico que lo haga) y es la parte que no controlas. El consciente es el resto, es decir, entre un 20 % —que ya es mucho decir— y un 5 %, y es la parte que sí controlas; la cifra con la que más científicos están de acuerdo es un 5-10 % de consciente y un 90-95 % de subconsciente. Por lo tanto, si tú con tu consciente estás enviando un mensaje al universo y tu subconsciente envía otro sin que te des cuenta, ¿cuál crees que tiene más poder? Son matemáticas puras. Imagina una cuerda, de un extremo tiran noventa personas y del otro extremo tiran diez personas, ¿qué grupo crees que ganará? Pues eso ocurre en tu mente. Por lo tanto, debes ir a tu subconsciente para cambiar las ideas que ahí existen y que te limitan y no te permiten tener una vida plena. Aquí es donde está lo complicado, llegar al subconsciente.

¿Cómo se guarda la información en el subconsciente? De muchas formas:
- Con experiencias vividas a lo largo de tu vida, especialmente en la niñez, y las conclusiones que sacaste de ellas desde tu nivel de conciencia.
- Con la educación que has recibido (creencias de tu entorno).
- Con el trato recibido por parte de los demás.
- Con la información genética.
- Con otras circunstancias que aún no explicaré porque creo que es pronto para que las entiendas. Estas otras circunstancias son como el ejemplo de la raíz cuadrada, posiblemente no las puedas comprender aún.

¿Cómo cambiar las ideas de tu subconsciente? Encontrándolas (luego te explico cómo las puedes encontrar) y luego practicar lo contrario, es decir, cuando eres consciente de una idea errónea o limitante en tu subconsciente, ya has dado un gran paso para poder cambiarla, pero esta idea no sale de ahí tan fácilmente, debes ser consciente en todo momento de cuándo la estás proyectando y pararte a decirte a ti mismo la nueva idea que quieres implantar para sustituir a esa otra que te hace daño y no te deja avanzar. Te pongo un ejemplo.

Tienes la idea (creencia) de que no te van a dar nunca un puesto de trabajo digno y esa es tu realidad manifestada, porque es lo que le pides al universo con tu subconsciente: «Nunca me van a dar un puesto de trabajo digno». Por mucho que te repitas a ti mismo con el consciente «me van a dar un puesto de trabajo digno», eso no llega nunca y te desesperas y piensas que la ley de atracción no existe. Pero recuerda el ejemplo de la cuerda: de un lado tienes a tu subconsciente con la creencia de que nunca te van a dar un puesto de trabajo digno (noventa personas de un extremo con esa creencia), y del otro lado tienes a tu consciente intentando hacer afirmaciones positivas como «me van a dar un puesto de trabajo digno» (diez personas tirando del otro extremo de la cuerda). Lógicamente, gana el subconsciente por goleada.

Es decir, un 90 % de ti está enviando un mensaje al universo —sin que te des cuenta— de que no te den un puesto de trabajo digno, pero no sabes que estás enviando tal mensaje, no eres consciente de que estás enviando ese mensaje al universo.

La mente es muy poderosa y jamás pierde su fuerza creativa.
Nunca duerme, está creando continuamente. Es difícil reconocer

la oleada de poder que resulta de la combinación de pensamiento más creencia, la cual puede literalmente mover montañas. No hay pensamientos fútiles. Todo pensamiento produce forma en algún nivel.

Texto extraído del libro *Un curso de milagros*
(Fundación para la paz interna)

Debes preguntarte de dónde te sale esa creencia, desde cuándo la tienes. Entonces, indagas en tu vida, en tus recuerdos de niñez (te aconsejo que busques ayuda de profesionales que sepan cómo llegar a estos recuerdos), y recuerdas a tus padres expresando creencias como: «A los pobres no les da nadie un puesto de trabajo digno», «Los políticos solo miran por sus intereses y no ayudan a los ciudadanos a que tengan puestos de trabajos dignos», «Hay que luchar mucho en esta vida para tener un poquito», «Solo los ricos lo consiguen», «A ti no te lo van a dar», etc. O incluso tomaste la creencia de que no eras digno de un buen puesto de trabajo por x experiencias, de las cuales sacaste conclusiones como que no eres merecedor, que no eres válido o no tienes cualidades, que te faltan dotes, que no tienes suerte…

¿Qué debes hacer? Primero ser consciente de que esas son creencias limitantes y erróneas. Busca razones para darte cuenta de que esas creencias son erróneas, por ejemplo:

— Si tus creencias proceden de los políticos o de la sociedad: ellos no tienen nada que ver con que tú consigas o no un puesto de trabajo digno. Indaga a tu alrededor, seguro que conoces a mucha gente, bien en persona o bien por las redes sociales, que consiguió un trabajo digno aun estando en una situación similar a la tuya, por ejemplo siendo pobres y viviendo en la misma sociedad con esos mismos políticos que, según tus creencias, no permiten puestos de trabajos dignos. Yo te pondré un ejemplo muy famoso y conocido: Nelson Mandela, un hombre de raza negra que fue arrestado y acusado de conspiración para derrocar al Gobierno, estuvo encarcelado durante veintisiete años y contra todo pronóstico, a pesar de tener a todos en contra, consiguió llegar a ser presidente; en palabras de Van Engeland y Rudolph (2007): «Mandela pasó de terrorista a político hasta llegar a presidente de Sudáfrica». Aunque seguro que no te hace falta buscar ejemplos de famosos, a tu alrededor puedes conocer personas que tienen un buen puesto de trabajo, pero se suelen decir de estas personas cosas como que tienen mucha suerte o que son unos pelotas[2] y por eso consiguen las cosas, o vete a saber las creencias que tienes de por qué esas personas consiguen lo que tú deseas.

— Si tus creencias provienen del convencimiento de que no eres capaz o no lo mereces por el desmerecimiento que otras personas te hicieron sentir: haz memoria y recuerda las veces que a lo largo de tu vida realizaste algo que contradecía esos mensajes e hiciste bien lo que otros pensaban que no. Normalmente, en estos casos, esas personas que no creen en ti no están presentes en esos momentos para poder comprobar que se equivocan respecto a ti, aunque

---

[2] *Pelota* es un término coloquial que se usa en España para describir a una persona complaciente con el objetivo de obtener un beneficio propio.

esto no sucede siempre y a veces sí están presentes, pero tampoco reconocen que se equivocan, lo achacan a la suerte o quizás ni siquiera lo ven. Te pongo un ejemplo de lo que trato de decirte. De pequeño tus padres te decían que eras torpe, que siempre te estabas tropezando y te caías; por lo tanto, siempre que intentabas realizar una actividad o ejercicio, te decían: «¡Cuidado! ¡No corras! ¡No hagas eso! ¡Te vas a caer!», y cosas así. Y, por supuesto, tenían razón, acababas cayéndote. Sin embargo, cuando estabas en el recreo del colegio, en alguna ocasión que realizabas una actividad que te entusiasmaba demasiado, de repente te veías a ti mismo realizando esa actividad sin caerte, quizás en la mayoría de las ocasiones te caías porque tenías muy presente el miedo y la desconfianza en ti mismo, pero recuerda bien aquella ocasión en la que no te caíste. Seguramente no estabas pensando en esos mensajes de precaución que siempre te repetían tus padres, seguramente estabas disfrutando tanto que olvidaste por un rato esos mensajes y, por lo tanto, solo te centraste en realizar esa acción, sin ningún pensamiento negativo que te dijera que no podías hacerlo. Pues ahora cambia ese mensaje de este ejemplo por el tuyo propio, por tu propia experiencia. Te pondré otro ejemplo de superación personal, de confianza en uno mismo contra opiniones de los demás. Pablo Pineda Ferrer es un maestro, conferenciante, presentador, escritor y actor español. Es diplomado en Magisterio y le faltan pocas asignaturas para ser licenciado en Psicopedagogía, y es el primer europeo con síndrome de Down en terminar una carrera universitaria.

Sea cual sea la razón por la que tienes esa creencia, debes buscar con tu mente racional una razón de peso que te haga ver que esa creencia es falsa. Si no eres capaz de encontrar esa razón tú solo, busca ayuda, habla con otra persona con ideas positivas respecto a ese tema o con un profesional, o estate atento a las señales que te lleguen, como, por ejemplo, noticias relacionadas con este tema que demuestren que tu creencia no siempre se cumple y, por lo tanto, no es 100 % correcta ni verdadera.

Una vez que veas que tu creencia es errónea y deseas cambiarla, podrías crearte afirmaciones positivas y decírtelas todos los días. Estas afirmaciones deben dar el mensaje contrario a la creencia limitante que tienes; por ejemplo, en el caso del ejemplo del «torpe», las afirmaciones positivas podrían ser algo así: «Soy ágil, soy capaz, soy veloz». Eso sí, siempre en positivo, nunca introduzcas palabras negativas como *no*, es decir, no digas «yo no soy torpe», pues esa frase es negativa. Tanto el universo como tu mente no entienden la palabra *no*, solo entienden la palabra *torpe*, y no porque el universo hable idiomas, sino porque es la vibración que produce la frase; esta frase está enfocada en la palabra *torpe*, y en lo que te enfocas es lo que refuerzas. Por tanto, no debes usar nunca la propia creencia limitante para negarla, sino usar el antónimo de esa palabra. Si tu creencia es «soy torpe», nunca debes decir «no soy torpe», pues así intentas negar la creencia limitante, pero solo la estás reforzando; debes decir un antónimo positivo: «Soy acertado, listo, ligero, inteligente, discreto, ágil, diestro, hábil, despierto…». ¿Me hago entender?

A estas afirmaciones deberías añadir algunas acciones que produzcan cambios en tu vida. Por ejemplo, te ofrecerán un puesto de trabajo que no es digno para ti y que tu antiguo yo aceptaría por miedo de no encontrar otro, por el qué dirán los demás si rechazas un puesto de trabajo con la falta que te hace o porque crees que no conseguirás nada mejor. Pero si realmente quieres cambiar tu vida y obtener un puesto de trabajo digno, deberás rechazar lo que no quieres para que te llegue lo que sí quieres. Te invadirá el miedo, las dudas te harán pensártelo, tu mente (ego) te dará múltiples razones por las que debes aceptar ese puesto de trabajo. Es aquí cuando deberás darte cuenta de que está hablando tu antiguo yo, ese del que quieres librarte, pues no te ha llevado a tener una vida satisfactoria, y si aceptas ese puesto de trabajo nunca saldrás de donde estás, si sigues tomando las mismas decisiones de siempre nunca cambiará tu vida. Si quieres cambios en tu vida, debes actuar de forma distinta a como lo venías haciendo hasta ahora. Deberás darte cuenta de cuándo te invade el pesimismo en tu interior y cambiar la vibración, deberás estar atento a tus pensamientos antiguos y cambiarlos rápidamente. Piensa en otra cosa o, mejor aún, dite a ti mismo, por ejemplo: «Estos pensamientos no son míos, los desecho. Entrego al universo estas creencias limitantes, erróneas; no son mías y pido que me traigan iluminación, que me ayuden a ver», etc. (ya te iré dando más ideas de mensajes positivos y de empoderamiento que te puedes dar a ti mismo). Ahí es cuando empiezas a cambiar la creencia del subconsciente, enfocándote en lo que quieres y rechazando lo que no quieres.

Deja de pensar en las posibilidades negativas que pueden venir a tu realidad, pues les estás dando vida. Al pensar en esas posibilidades no haces sino atraerlas. Solo debes pensar en las posibilidades positivas como si no existiera ninguna otra posible realidad. Recuerda: en lo que te enfocas es a lo que das poder, es lo que refuerzas; por lo tanto, pregúntate a qué quieres quitarle poder y a qué se lo quieres dar.

Todo intento de resolver el error tratando de dominar el miedo es inútil. De hecho, eso no hace más que corroborar su poder, al asumir que necesita ser dominado. La verdadera solución descansa enteramente en alcanzar el dominio por medio del amor. Concentrarse en el error, no obstante, no es más que otro error.

Un curso de milagros

En el ejemplo del puesto de trabajo que no es digno, ¿te atreverías a rechazarlo?, ¿vencerías el miedo?, ¿tomarías acción?

Seguramente, en estos momentos de tu vida, no tomarías acción, tus miedos y tu falta de fe no te dejarían, y ¡harías bien!, ya que no estás preparado aún para un cambio tan radical, eso vendrá más adelante. Es mejor empezar por pequeñas cosas para que tu confianza y tu fe vayan aumentando y puedas ir cambiando poco a poco las cosas de tu vida que ya no te sirven. Es como ir al gimnasio, no puedes comenzar levantando mucho peso, debes empezar por poco para ir desarrollando tus músculos y prepararlos para un mayor esfuerzo. Te he puesto el ejemplo de rechazar trabajos que no mereces para que entiendas lo que quiero transmitirte con ejemplos grandes.

¿Cómo puedes empezar a hacer cambios pequeños? En el libro *El secreto* ponen un ejemplo muy famoso, el del aparcamiento. Te lo cuento por si no te has leído el libro.

Si normalmente vas a trabajar en coche y te desesperas buscando aparcamiento, comienza a cambiar tu creencia, ve con total seguridad de que vas a encontrar aparcamiento fácilmente y en el lugar más adecuado para ti. No hace falta que repitas mucho esta afirmación, pues provoca inseguridad y falta de fe, y al pedirlo muchas veces significa que crees que es muy difícil de conseguir, con lo cual así será, pero sobre todo crea la afirmación de que no vas a conseguirlo, que es algo que no tienes. Es más bien algo interno, desde el corazón. Respira hondo para ampliar los pulmones y tu corazón, hazlo sonriendo y sintiendo que vas a encontrar un buen aparcamiento fácilmente. No es cuestión de mente, sino de sentimiento. Procura no traer a tu mente recuerdos de lo difícil que te resultaba encontrar aparcamiento, ve a tu trabajo sin esa preocupación, con la inocencia de un niño, sabiendo que vas a aparcar fácilmente. Si lo haces así, sin miedo y sin dudas, encontrarás aparcamiento fácilmente y te dará un subidón; si no lo consigues, pregúntate cuándo fallaste y en qué momento, ¿tuviste dudas?, ¿tuviste miedo?, ¿te vinieron recuerdos? No importa, vuelve a intentarlo la próxima vez que vayas a trabajar en coche, repítelo tantas veces como sea necesario hasta que cambie tu creencia en el subconsciente; el subconsciente solo cambia a base de repetición, a base de práctica, este hábito puede ser una forma de pensar, una forma de actuar… Es muy probable que al principio lo consigas un día, pero al día siguiente te asalten dudas otra vez y vuelvas a tener dificultad en encontrar aparcamiento fácilmente. No desistas, no tires la toalla, este proceso es normal. Hasta que no cambie tu creencia subconsciente, no cambiará tu realidad y seguirás teniendo dificultad para encontrar aparcamiento. Por eso has de repetir ese trabajo hasta que todos los días encuentres fácilmente un aparcamiento. Esto no significa que nunca más vas a tener dificultad en encontrar aparcamiento, pero será algo ocasional y, probablemente, porque ese día no estés de buen humor o algo parecido… Las creencias del subconsciente se cambian a base de repetición, no se cambian de un día para otro; en un instante puedes cambiar el consciente, pero no el subconsciente.

Has de practicar a diario la afirmación positiva, hasta que llega el momento en que sin darte cuenta ya has cambiado esa creencia y ya no tienes que repetir la afirmación, simplemente lo sabes, sabes que vas a encontrar aparcamiento fácilmente, ya no tienes ni que pensarlo, ya no existe otra posibilidad, ya has cambiado tu realidad; al cambiar la creencia del subconsciente estás proyectando otra realidad nueva. Es como cuando te sacas el carnet de conducir, que al principio se te hace un mundo estar pendiente de las marchas, embrague, pilotos, espejos, señales de tráfico…, y luego lo interiorizas —gracias a conducir continuamente— y ya no tienes que estar pendiente de nada, excepto de las circunstancias de la carretera, porque el tema de las marchas, espejos y demás lo haces sin pensar, lo haces de forma automatizada. De nada sirve la teoría si no la pones en práctica. De hecho, cuando no se practica lo aprendido, se olvida la teoría. La destreza se adquiere con la práctica y no con la teoría; de hecho, existen más casos de aprendizaje solo con la práctica, por ejemplo, andar, coger una cuchara para comer, montar en bici… El ensayo y el error son los que más te enseñan, como se suele decir: «De los errores se aprende».

Puede ser que no estés trabajando o que no vayas en coche. No importa, busca en tu vida cotidiana algo sencillo, pero que te fastidie. Por ejemplo, te fastidia que en la caja del supermercado siempre haya mucha cola y pierdas mucho tiempo, pues haz lo que he explicado para el coche, pero cambiando el escenario, visualizando que pagas rápido o que la fila es muy corta, lo que se te ocurra. Procura que sea algo que no lo creas, pero que sea posible, es decir, si no crees que cuando llegues a la caja no haya nadie, entonces visualiza eso, o que solo hay una persona y está a punto de irse; pero no visualices que no hay clientes en todo el supermercado, puesto que eso es improbable que ocurra y culparás a la ley de atracción creyendo que no funciona… Es decir, debes cambiar una pequeña creencia negativa por otra positiva, pero que sea factible. Algo que a tu mente racional no le resulte del todo imposible de creer.

Debes tener una cosa muy muy clara, solo puedes cambiar tu subconsciente, no el de otras personas. Aunque puedes influir en otras personas, pero hablaremos de eso más adelante. De momento, enfócate en ti. Siempre debes tener muy claro que no puedes cambiar a nadie, solo te puedes cambiar a ti mismo. Y tampoco puedes desear algo que perjudique a otra/s persona/s o modificar su propia voluntad.

Una práctica muy buena para dominar la mente y que te ayudará muchísimo es la meditación. Seguramente has oído hablar de ella, quizás lo hayas intentado hacer, pero no te concentras y desistes, quizás te pongas como excusa que no tienes tiempo y por la noche estás tan cansado que te duermes… Por ahí hemos pasado todos. Esas son excusas de tu ego para no salir de la zona de confort. Te contaré algo: cuando yo empecé a hacer meditación en serio, cuando me comprometí conmigo misma, sí encontraba ese tiempo necesario para poder meditar. Al principio no me concentraba y me frustraba, me habían dicho que meditar era dejar la mente en blanco, no pensar, y eso me resultaba casi imposible.

Luego comprendí que no es eso, es imposible no pensar, lo que hay que hacer es concentrarse en algo, por ejemplo, tu respiración, para enfocar tu mente en algo y que no se distraiga, y cuando te vengan pensamientos, no debes luchar contra ellos, solo debes dejarlos pasar sin prestarles atención y volver a concentrarte en la respiración, las veces que sean necesarias. También puedes contar, visualizando los números que vas contando; para mantener tu atención en los números es mejor contar hacia atrás empezando por 999, por ejemplo. Yo lo hacía y, aun así, la mente se me iba y cuando me daba cuenta no sabía por qué número iba y retomaba por el último que recordaba. Me frustraba mucho, pensaba que había fracasado, que yo no podía, etc. Te repito, esto es normal, lo importante es no dejarse llevar por los pensamientos y cuando seas consciente de que te has ido, simplemente vuelve a la meditación que estés haciendo.

Existen muchas técnicas. A mí la que más me ayudó fueron las meditaciones guiadas. En YouTube hay muchísimas: para principiantes, para dormir, para amarte, etc. Estas meditaciones hacen que tu mente se enfoque en la voz que te va guiando y te resulte más fácil concentrarte. Aun así, al principio te costará, pero con la práctica verás los beneficios que te trae, lo hará sin que te des cuenta.

Recuerdo mi experiencia, algo que no se me olvidará. Cuando empecé con la autoayuda en el grupo de amigas fue también cuando empecé con la meditación. Yo tenía las cervicales muy curvadas, lo veía como algo normal. A medida que iba descubriendo mis creencias limitantes, recuerdos dolorosos y bloqueos con el grupo y al mismo tiempo hacía meditación a diario, empecé a notar dolores en el cuello. Parecía que mi salud física empeoraba conforme iba sanando mi salud mental y emocional, no lograba entenderlo. Más adelante supe que es un proceso normal de sanación. Tu cuerpo responde a la mente, así que en el momento que cambias la mente, tu cuerpo también cambia, es decir, en el momento que sanas una cosa, sanas la otra, y ese proceso suele ser doloroso. El cuerpo se adapta a la información que recibe de tu mente y de tus emociones (recuerda que somos un todo) y se tiene que reestructurar, que recolocar. Es como limpiar una casa en profundidad, sacas todo lo que tienes guardado dentro de los muebles para limpiarlos por dentro, los muebles también los arrastras para limpiar por detrás, quieres tirar las cosas que no te sirven y volver a guardar las que sí. En todo ese proceso, tu casa está patas arriba, todo desordenado y descolocado, pero luego vas limpiando, guardando y colocando. Hasta que todo vuelve a estar en orden, más limpio y con más espacio, incluso puede que hayas recolocado algunos muebles y ahora te sientas más a gusto en tu casa. La casa huele bien, está más confortable y bonita, y te sientes mucho mejor en ella. Eso también pasa con nuestras vidas y nuestros cuerpos. En el momento en el que empieces a hacer limpieza de creencias, de pensamientos…, tu vida y tu cuerpo se van a poner patas arriba, pero es un proceso necesario en el que, para poder sentir paz, felicidad, gozar de buena salud y sentir que estás donde tienes que estar, debes primero deshacerte de todo aquello que te está impidiendo alcanzar todo eso y, por lo tanto, debes estar preparado y dispuesto para los cambios, y los cambios suelen ser incómodos, frustrantes y/o incluso dolorosos.

Como te explicaba, en mi proceso me dolía muchísimo el cuello. Tras un tiempo, empezó a remitir el dolor, un día me toqué el cuello y pude notar que ese bulto (curva) que tenía había desaparecido. Mi cuello estaba mucho más recto. Fue impactante para mí. En décimas de segundo comprendí el porqué del dolor que había estado pasando este tiempo atrás: ¡los huesos se estaban recolocando en su sitio! Estaba tan agradecida y feliz que me motivó a seguir con el proceso de avance en mi vida. Ahora comprendía que para llegar a donde yo quería llegar, tendría que atravesar primero algunas tormentas, pero la meta era tan apetecible que estaba dispuesta a hacerlo. Ya no deseaba seguir con la vida que llevaba hasta ese momento, sabía que había venido a algo más y estaba dispuesta a dejar los miedos atrás, estaba confiada en que todo saldría bien. No sabía qué iba a suceder ni cómo iba a cambiar mi vida, pero sabía que sería para mi mayor bien.

¿Y tú?, ¿te quieres lo suficiente como para luchar por ti? ¿Estás dispuesto a dejar atrás los miedos? ¿Estás dispuesto a atravesar esas tormentas? ¡Adelante! ¡Saca la luz que hay en ti!

III. Por nuestras emociones

Nuestras emociones son también energía y están directamente relacionadas con la mente, ya que esta traduce, piensa y reacciona (ya he explicado cómo nuestra mente es capaz de crear). Sin embargo, incluso cuando no dejamos a la mente intervenir, al tener una sensación, esta emoción también se expande y crea… Por ejemplo, cuando sientes gratitud —que es una emoción muy poderosa—, incluso antes de analizarla con la mente, si te dejas invadir por esa sensación y la experimentas, estás creando. Te voy a explicar de forma científica cómo nuestro corazón funciona de forma inteligente.

Nuestro corazón es un centro de sabiduría, se dice de él que es nuestro segundo cerebro, ¿o quizás el primero? Aristóteles, por ejemplo, dijo que el corazón era la esencia de nuestra alma y lo que realmente nos representaba y que podíamos dejar que guiara nuestras decisiones, más allá de la lógica y de la razón.

Supongo que habrás oído hablar de las corazonadas, que normalmente son certeras. Una corazonada no se suele equivocar, suele enviarte un mensaje, algo que sabes y no sabes cómo lo sabes, pero sabes que lo sabes.

La ciencia ha descubierto que dentro de nuestro cuerpo hay unos receptores, los «neuropéptidos», que influyen en las células inmunológicas y que se encargan de leer cada pensamiento, emoción, deseo o concepto que asumimos, produciendo reacciones químicas que fabrican las mismas sustancias que produce el cerebro. En este proceso está altamente implicado nuestro corazón, que mucho más allá de bombear sangre, se conoce ahora que actúa como un órgano sensorial sofisticado, recibiendo y procesando información, como lo hace el cerebro. Los científicos han comprobado que el corazón tiene más de cuarenta mil neuronas, una compleja red de neurotransmisores, proteínas y células de apoyo, es decir, todo un cerebro. Existen cuatro conexiones que parten desde el corazón y van hacia el cerebro: neurológica, bioquímica, biofísica y energética (interacciones electromagnéticas), y es así como nuestro corazón puede influir en nuestro cerebro.

El sistema nervioso del corazón, o el «cerebro del corazón», lo habilita para aprender, recordar y realizar decisiones funcionales, independientemente de la corteza cerebral, a través de una extensa red de comunicación nerviosa que forma un campo eléctrico, que se conecta con el cerebro y el resto de los órganos. Este campo es sesenta veces más grande en amplitud y cinco mil veces más fuerte que el del cerebro, y puede ser detectado a varios metros de distancia del cuerpo con magnetómetros sensibles. Las personas a nuestro alrededor pueden recibir esta información energética de nuestro corazón.

Espero que ahora entiendas el ejemplo de encontrar aparcamiento, cuando te explicaba que no se trata de hacer muchas repeticiones afirmativas con la mente, sino más bien de sentir con el corazón que vas a encontrar aparcamiento. El corazón es mucho más potente a la hora de crear. Por eso, cuando quieres algo, debes desearlo desde el corazón. De ahí que muchas veces no consigamos lo que queremos. En muchas ocasiones, lo que queremos con nuestra mente (un coche, una casa…) es algo que nos han enseñado que debemos tener para ser feliz, pero si escuchamos a nuestro corazón, realmente él desea otra cosa y si lo sintonizamos con la mente, es decir, ponemos de acuerdo la mente y el corazón, nos resulta más fácil proyectarlo y materializarlo. No quiero decir con esto que no sea bueno tener todas esas cosas materiales, pero quizás vengan después de escuchar y seguir lo que nuestro corazón nos dicta.

IV. Por nuestras palabras

La palabra es el «verbo», el maestro Jesús hablaba mucho del verbo, pero no llegamos a comprender verdaderamente el significado de este mensaje. Pero ahora no voy a abordar este tema, solo quiero que te vayas familiarizando con algunos términos y conceptos.

Cada palabra es un decreto, una materialización. Estamos continuamente quejándonos, criticando a los demás, a nosotros mismos, a las circunstancias, a la sociedad, a los políticos… Da igual, toda palabra malsonante y discordante es un decreto, especialmente cuando usamos las palabras «yo soy…». Recuerda que todo es energía, y las palabras también lo son. Cuando nos quejamos y criticamos, proyectamos energías bajas, negativas, y eso es lo que atraemos de vuelta.

Las palabras «yo soy» son muy poderosas, con ellas abres un flujo de energía y poder muy elevado. Así que piensa bien lo que vas a decir tras el «yo soy…», puesto que eso es lo que vas a manifestar.

«Yo no soy… Yo no puedo… Yo no tengo…». Deja ya de usar esos términos tan limitantes. Estás cortando al universo la abundancia que tiene para ti. Si alguien te quiere dar un regalo, pero tú no extiendes las manos para cogerlo, el regalo se caerá al suelo, ¿verdad? Por mucho que el universo quiera darte algo, si tú no sabes aceptarlo, no te llegará, se perderá.

¿Cuál de estas afirmaciones prefieres repetir?

AFIRMACIÓN NEGATIVA	AFIRMACIÓN POSITIVA
Yo no tengo trabajo (no tengo trabajo)	Yo tengo un buen trabajo
Yo soy pobre (soy pobre)	Yo soy abundante, rico
Yo estoy gordo	Yo estoy en mi peso ideal
Yo soy torpe	Yo soy ágil, inteligente…

¿Vas comprendiendo? Pues a partir de ahora, cuida tu lenguaje verbal.

Primeros pasos

Como te he explicado antes, es en el subconsciente donde está guardada la información, esas creencias limitantes que deseamos transformar. Es ahí donde hay que trabajar. Para ello:

1.º Buscar aquellas creencias que te limitan, aquellas experiencias vividas que te han formado una idea equivocada, un concepto de ti erróneo.
2.º Perdonar a quien tengas que perdonar, incluido a ti mismo, comprender por qué la culpa y el sentimiento de rencor son tan nocivos y, sobre todo, comprender que la culpa no existe. La comprensión es importante.
3.º Transformar esas frases limitantes que te dice tu mente en frases positivas y de empoderamiento, como te expliqué anteriormente.
4.º Poner en práctica a diario las nuevas creencias.

Lo que aprendiste del pasado tiene que haberte enseñado lo que no te convenía, por la sencilla razón de que no te hizo feliz. Si el propósito del aprendizaje es producir cambios —y ese es siempre su propósito—, ¿te sientes satisfecho con los cambios que tu aprendizaje ha producido en ti? Si no estás contento con lo que aprendiste es señal evidente del fracaso de dicho aprendizaje, ya que significa que no conseguiste lo que deseabas.

Un curso de milagros

1.º Buscar las creencias limitantes

Vamos a empezar por descubrir cuáles son esas creencias que te limitan y que ya no te sirven para lograr la vida que deseas. Para ello, encuentra un lugar y momento en los que nadie te moleste. Pon música relajante de fondo, respira hondo tres veces, coge papel y boli, observa tu vida.

¿Qué es lo que no te gusta de tu vida? ¿Qué es lo que te molesta? ¿Qué es lo que odias? ¿Qué es lo que quieres cambiar? Y, sobre todo, de todas esas cosas, ¿cuáles se repiten más en tu vida? No solo en el presente, sino a lo largo de tu vida. Anótalo todo.

Recuerda qué mensajes recibías cuando eras niño de tus padres, de los adultos, la sociedad, amigos… respecto a ese tema. Anótalo en un cuaderno y guárdalo para ti, más adelante te puede ayudar a comprender mejor tu situación, tus limitaciones, tu evolución, tus experiencias de vida.

Por ejemplo, tienes una pareja que te maltrata físicamente. No es tu primera pareja sentimental, la anterior pareja te insultaba, y la anterior a esta te gritaba. Aquí hay un ejemplo claro de violencia. Busca en tu niñez, ¿quién te ha tratado con violencia? ¿Quizás uno de tus progenitores era violento con el otro? ¿Quizás los niños te pegaban? Hubo un suceso o varios que te han hecho ver que esa es una relación normal de pareja, que te han hecho creer que eso es lo que mereces, que te has desvalorizado, que eres víctima, que el amor es así… Hay frases que hemos escuchado todos y que han hecho mucho daño: «Quien más te quiere te hará llorar», «Lo hago por tu bien»… Perdona, pero no, eso no es cierto. El amor no duele, el amor no hace daño, el amor no castiga… Es el miedo el que hace todo eso.

Se puede educar desde el amor. Un niño que no ha sido amado no va a odiar a sus padres por ello, sino que se verá a sí mismo como no merecedor de amor porque hay algo malo en él. No digo con esto que haya que culpar a los demás de cómo te trataron, ellos no fueron conscientes, dieron lo que tenían dentro, no supieron hacerlo mejor. No debes centrarte en los demás, debes centrarte en ti, en evolucionar tú ayudándote de tus experiencias. Son estas experiencias las que te indican qué tienes que transformar en tu vida.

2.º Perdonar

No puedes dar lo que no tienes, no puedes enseñar lo que no sabes. No culpes a tus padres o a quienes te criaron, no sabían hacerlo de otra forma, te dieron lo que tenían, te enseñaron lo que sabían, no pudieron hacerlo mejor. En este ejemplo, lo primero es comprender esto último, no supieron hacerlo de otro modo. Perdona a quienes te agredieron, no tenía nada que ver contigo, no había nada malo en ti. Eran ellos los que tenían el problema, y no tú, su nivel de consciencia era limitado. Investiga sobre su vida, la vida de la persona que te agredió: ¿qué clase de padres tuvo?, ¿cómo lo trataron?, ¿qué experiencias tuvo en su niñez?, ¿qué creencias tenía?, ¿le dieron amor? Esto te servirá para comprender la actitud de esta persona y ayudarte a perdonar.

El hecho de perdonar no significa que debes dejar entrar en tu vida a alguien que te hace daño o te desvía de tu camino. Perdonar es para liberarte a ti mismo, para que no sigas cargando con rencores o culpas que solo te hacen daño a ti. Todo eso es como tomar veneno y esperar a que otra persona se muera. Debes sacar el veneno de ti, deséale lo mejor a la otra persona, pero lejos de ti. Sabrás que has perdonado cuando seas capaz de desearle lo mejor desde el corazón, con sinceridad. Sabrás que has superado un trauma cuando seas capaz de hablar de él sin dolor y, sobre todo, cuando comprendas que no hay nada que perdonar.

Sé que no es fácil perdonar, el ego nos grita que no es justo, quiere una disculpa de la otra persona, puede incluso que tenga sed de venganza…, pero te repito que eso no es sano para ti. Esa disculpa puede que no llegue nunca y te llevarás toda la vida frustrado y lleno de rencor, lleno de veneno que te está corrompiendo por dentro. La otra persona sigue con su vida ajena a lo que te pasa, ese veneno que tomas no le va a salpicar, y lo peor es que seguirás atado a esa persona de por vida. Corta ese lazo invisible que te une, libérate y sé feliz. Olvídate de esas personas, deja que el universo se encargue de ellas. Recuerda que lo que das es lo que recibes; por tanto, deja que reciban lo que están dando, aunque tú no te enteres o no sea como tú esperabas, te aseguro que están recibiendo lo que están dando. Pero a ti te debe dar igual, enfócate en ti, no le des más poder a esa persona y ni muchísimo menos le desees nada malo ni te alegres si te enteras de que le ocurre algo malo, todo eso es igual de negativo para ti. Alegrarte por el mal ajeno, aunque tu percepción crea que se lo merece, no es sano para ti y atraerás lo que estás proyectando.

¡Recuérdalo! No somos jueces y no tenemos todos los conocimientos para juzgar, existen muchísimas cosas que desconocemos y por eso no debemos juzgar lo que está bien o lo que está mal, lo que cada uno merece. Te repito, deja eso en manos del universo, no es asunto tuyo, no eres juez. Recuerda que si te enfocas en la venganza o el rencor, eso es lo que estás dando y eso es lo que te vendrá de vuelta. Aunque tú no asocies las situaciones que experimentas en tu vida con ese sentimiento de rencor y de venganza, te digo que sí es así. Es la ley de atracción, en la energía que vibres es en la que te moverás. Así que sé «egoísta» y perdona, por tu propio bien. El Perdón, la Gratitud y el Amor son energías de muy alta vibración. La energía del AMOR es la más PODEROSA.

¿Y cómo puedo perdonar?

1. Pues antes te adelanté la técnica de indagar sobre el pasado de esa persona, de su crianza, de sus padres… Empatizar para poder llegar a la comprensión de que esa persona no sabe hacerlo de otra forma. Ten por seguro que si tú hubieras nacido donde esa persona nació, si hubieras tenido sus experiencias de vida, si hubieras recibido su educación, los mensajes que los adultos le inculcaron sobre sí mismo…, habrías actuado exactamente igual.

2. Si es algo tan doloroso que te resulte muy complicado de perdonar, quizás sería bueno buscar ayuda en algún profesional. Haz lo que sea necesario, pero ayúdate a ti mismo, tú te lo mereces.

Además, toda experiencia es un aprendizaje. Quizás debas aprender a decir que no, quizás debas aprender a quererte a ti mismo, a que veas a través de esa persona que te maltrata cómo te maltratas a ti mismo o incluso maltratas a otras personas sin que seas consciente. Quizás el aprendizaje trate de superar un miedo: miedo a no ser amado, miedo a que te abandonen, miedo a no ser aceptado… Todas las personas que llegan a tu vida son un espejo de ti, de lo que proyectas. Todos somos maestros —en la mayoría de los casos, sin saberlo— y todos somos aprendices.

La pregunta que debes hacerte es «¿para qué?»: ¿Para qué tengo esta experiencia? ¿Para qué he conocido a esta persona? ¿Para qué me duele el brazo, el estómago o cualquier parte de mi cuerpo?

«¿Para qué?» Esa es la pregunta que tú tienes que aprender a plantear en relación con todo. ¿Qué propósito tiene esto? Sea cual fuere, dirigirá tus esfuerzos automáticamente cuando tomas una decisión con respecto a un propósito, tomas una decisión con respecto a los esfuerzos que vas a llevar a cabo en el futuro. Y esta decisión permanecerá en vigor a menos que cambies de parecer.

Un curso de milagros

3. Otra sugerencia para ayudarte a perdonar es escribirle una carta a esa persona. Desahógate, dile todo lo que piensas y sientes; no es necesario que se la envíes, esa carta es para ti. No te cortes a la hora de decirle todo lo que te gustaría decirle. Imagina que en esas palabras estás sacando el veneno que tienes dentro. Una vez terminada la carta, despídete, agradécele el aprendizaje y deséale lo mejor. Escribe una afirmación referente al tema y que te empodere. Por ejemplo, si el perdón consistía en un maltrato verbal, una afirmación podría ser: «Merezco respeto y amor», «Merezco ser valorado y respetado», «Me valoro y me respeto», «Todas las personas que conozco me respetan y me aman», «Recibo siempre un trato amoroso, cordial y con educación»... Recuerda que las afirmaciones siempre deben ser en positivo, nunca deben contener palabras negativas, como por ejemplo: «No quiero que los demás me insulten» o «Nadie me maltrata»; con ellas te sigues enfocando en lo que no

quieres, y eso es lo que emites al universo. Ya has visto cómo esa misma frase se puede transformar en positivo de muchas maneras, busca la que a ti te salga de dentro.

Luego de terminar la carta, puedes ir a algún lugar que te dé paz y enterrarla, o quemarla en tu casa y tirar las cenizas fuera de ella, por ejemplo, por el desagüe o a la basura. Quizás el rencor que tienes es tan doloroso que quisieras pegarle e insultarle; en caso de necesidad, es mejor desahogarte antes de escribir esa carta. Usa un objeto blandito, como un peluche, un saco de boxeo, una almohada… Imagina que es esa persona, pégale y dile lo que te sale de dentro, desahógate, saca la ira que llevas dentro. Cuando te sientas vacío y satisfecho, entonces empatiza con esa persona, ponte en su lugar, perdónale… Posiblemente, incluso se despierte en ti la compasión por ella. Escribe esa carta y finalízala desde el amor, hazlo con respeto y desde la comprensión de que esa persona no supo hacerlo de otro modo, pero termina siempre la carta perdonando y deseando lo mejor para esa persona, liberándola del lazo de rencor que tienes atado.

4. Por último, te sugiero una meditación. En YouTube existen muchas meditaciones guiadas referentes al perdón. También la puedes hacer tú mismo. Busca un lugar tranquilo donde sepas que no te van a molestar, colócate en una posición cómoda, pon música relajante. Respira hondo por la nariz hasta llenar tus pulmones, aguanta unos segundos la respiración y luego suelta el aire por la boca muy lentamente hasta vaciar completamente los pulmones. Mientras estás tomando aire lentamente, imagina que está cargado

de chispas luminosas purificadoras, del color que quieras, y mientras estás soltando el aire, imagina que está cargado de todo ese rencor y odio, imagínalo muy oscuro, incluso puedes imaginar que salen moscas; ahí va todo ese veneno que te enfermaba. Repite esta respiración las veces que sean necesarias hasta que el aire que sale de ti esté limpio, aunque si necesitas más de seis, ya no las hagas tan profundas ni las retengas, solo sigue respirando por la nariz y expulsando por la boca, pero de manera normal. Imagina cómo en las últimas espiraciones el aire que expulsas ya es más limpio, que te has vaciado de esas moscas y ese aire negro. Luego vuelve a la respiración normal. Después visualízate en un lugar que te dé paz. Imagina cómo desde tu corazón te sale un hilo de luz, del color que quieras. No ves el final del hilo, no sabes a dónde llega, agárralo y comienza a tirar de él, como si estuvieras pescando. De pronto comienzas a ver una figura acercándose a ti, que es arrastrada por ese hilo del que estás tirando, y te das cuenta de que ese hilo os está conectando a ambos. Cuando tengas de frente a esa persona, dile que la perdonas y que la dejas ir. Deséale lo mejor. Si deseas preguntarle algo, hazlo, interactúa con él/ella, dialoga. Si surge una discusión, intenta aclarar el tema y procura terminar con esa discusión, procura llevar el diálogo desde el amor y no desde el ego. Una vez que estés satisfecho con el diálogo y no haya nada más que decir —en caso de que haya surgido algún diálogo—, dale las gracias por lo que te ha enseñado, pues quizás te mostró cómo no te amabas a través de su maltrato y, por lo tanto, fue un maestro. Despídete, abrázalo/a, deséale lo mejor. Busca en tus manos alguna herramienta para cortar ese hilo (tijeras, cuchillo…) y córtalo. Una vez que lo hayas hecho, observa cómo esa persona se aleja hasta desaparecer, siente esa liberación. Observa cómo una luz procedente de tu interior se hace cada vez más fuerte, más intensa, más brillante y te envuelve por completo formando una bola de luz a tu alrededor. Abre tus brazos y mira al cielo, vuela si lo deseas, dibuja una sonrisa en tu cara, corre, haz lo que te apetezca hacer ahora que eres libre, baila, canta… Una vez hayas disfrutado ese momento, vuelve al aquí y ahora. Ve moviendo tus manos, tus pies, tu cuerpo. Abre los ojos lentamente cuando te sientas preparado y di: «Gracias, gracias, gracias».

Una vez identificado aquello que tenías que sanar y has perdonado, céntrate en cambiar aquellos hábitos relacionados con esa creencia limitante, dolorosa, etc. Aquí usa la ley de atracción y/o tu forma de reaccionar ante situaciones que te provocan ira, dolor, malestar, etc. Quizás te des cuenta de que cedes tu poder a otras personas, que consientes los maltratos, que no sabes decir que no, que debes aprender a poner límites…

3.º *Poner en práctica las nuevas creencias*

Debes estar alerta constantemente, ya que ante las situaciones y/o personas a las que te enfrentas a diario, tiendes a reaccionar siempre de la misma forma que lo habías hecho hasta ahora. Ni siquiera te das cuenta, porque es un hábito que has construido y que ahora debes cambiar por otro hábito, y eso no se consigue de un día para otro.

En esta parte de práctica, tenemos que ser conscientes no solo de nuestros actos, sino también de nuestro lenguaje, nuestros pensamientos y emociones. Es un todo, y para cambiar un área, debes cambiarlas todas.

Al principio no eres consciente de que estás reaccionando igual que siempre, luego te vas dando cuenta en el momento de la reacción y más adelante te vas dando cuenta segundos antes de que vayas a reaccionar. Quizás aquí consigas ya controlarte y reaccionar de otro modo, o quizás aún no, pero si no lo consigues, no te preocupes, no te frenes por ello, es normal, sigue así. En otra ocasión te das cuenta y reaccionas de otro modo diferente al modo elegido, pero media hora más tarde vuelves a caer en lo mismo de siempre; sin embargo, ahora te das cuenta de tu reacción y sabes que no has reaccionado bien, para la próxima estarás más atento. Así sucesivamente, hasta que, ante esa misma situación, persona o lo que sea, reaccionas ya siempre con la nueva actitud, el nuevo pensamiento y emoción. ¡Bravo!, has conseguido cambiar un hábito insano para ti por otro que te lleva a donde quieres estar (tu felicidad, paz interior...). Normalmente, un hábito se puede cambiar en unos veintiún días, siempre que exista esa constancia y ese propósito firme. Otros hablan de cuarenta días, la cifra más elevada es de noventa días. No te enfoques en el tiempo, cada uno funciona a un ritmo distinto. ¡Muy importante!, cuando consigas un logro, un objetivo, prémiate.

Es muy importante quererse a uno mismo, es la clave de todo, pero no sabemos cómo querernos. Tendemos a castigarnos o a criticarnos cuando erramos —una práctica que debemos dejar de hacer—, pero nunca nos premiamos ni nos adulamos cuando hacemos algo bien. Así que introduce esta práctica de aquí en adelante:

- Por un lado, deja de criticarte y castigarte. En su lugar, cuando seas consciente de algún error, ten compasión de ti mismo y dite que no pasa nada, hazte responsable del error si lo requiere, sin sentimiento de culpabilidad, pues no has sabido hacerlo mejor; la próxima vez lo harás mejor. Lo has hecho lo mejor que sabías dentro de tu nivel de conciencia. Y ya está, no le des más vueltas, no te martirices, aprende, sé compasivo y rectifica si puedes, o pide perdón si se requiere, pero ¡sin culpabilidad!
- Por otro lado, prémiate y adúlate. Cuando consigas hacer ese cambio de actitud que te has propuesto, cuando hagas algo bien o cuando contribuyas a hacer un bien a alguien más, siéntete orgulloso, date un premio, por ejemplo, un trozo de chocolate, cómprate un detalle que te guste, o lo que sea que a ti te guste. Y dite a ti mismo lo orgulloso que estás de lo bien que lo has hecho.

Repito, es muy importante que durante el proceso de ensayo y error no te castigues en ningún momento cuando no consigas el objetivo, no te critiques y no sientas que has fracasado, todo eso te carga de culpa y retrasa mucho el cambio; es más, es tan negativo para ti que atraerás situaciones peores. Muy al contrario, trátate con amor, amabilidad, cariño y date ánimos. Siéntete orgulloso de ti mismo porque, aunque en esta ocasión no has logrado reaccionar como deseabas, te has dado cuenta de que has reaccionado erróneamente, y eso es ya un paso muy importante. Comprométete contigo mismo a hacerlo mejor la próxima vez. Ríete de ti. No pasa nada, estás aprendiendo y nadie nace sabiendo. Tampoco te compares con nadie, cada cual tiene su ritmo y su forma. Tómate todo como un juego, algo divertido, te resultará más fácil de ese modo y con esa actitud.

Te voy a aconsejar una técnica para relajarte en esos momentos en los que te sientes irritado, triste, perdido... Todos hemos escuchado la técnica de contar hasta diez o hasta cien cuando estás tan furioso que vas a estallar. Pues bien, yo te propongo que sustituyas lo de contar hasta diez por la técnica de decir mentalmente las siguientes palabras (las puedes decir en voz alta si lo prefieres, no importa cómo las digas, lo importante es decirlas): «Lo Siento Mucho, Perdóname, Te Amo, Gracias».

Dilas tantas veces como te sea necesario, hasta que encuentres alivio. Al igual que cada uno necesita contar un número mayor o menor para conseguir calmarse, estas palabras también se repiten las veces que sean necesarias. Esta técnica es mucho más efectiva y productiva, ya que no solo te sirve en estados de furia, sino también en otros estados que te hagan sentir mal, como tristeza, miedo, inseguridad, culpabilidad, dolor... Y, además, no solo servirá para calmarte a ti, sino también para calmar la situación, ya que esas palabras emiten una vibración muy alta que contagiará a todo tu alrededor. Estas palabras no están dirigidas al otro, sino a ti mismo, es decir, no le pides perdón a otra persona, sino a ti mismo; no le dices «te amo» a la otra persona, sino a ti mismo... ¿Por qué son palabras que te dices a ti mismo? Porque somos un todo, no hay nada externo o separado de ti, lo que está fuera es un proyecto de lo que está dentro. Ya irás entendiendo poco a poco estos conceptos, más adelante los explico. No es necesario que creas lo que te estoy diciendo, solo compruébalo, no tienes nada que perder…

NOTA

Estas palabras no las he inventado yo, provienen de una técnica hawaiana muy antigua llamada Ho'oponopono. Puedes investigar en internet sobre esta técnica. De todas formas, te voy a dar un poco de información.

Ho'oponopono es una arte hawaiano muy antiguo de resolución de problemas. Ho'oponopono significa 'corregir un error' y es un método de sanación antiguo, de los kahunas hawaianos (guardianes de los secretos), puesto al día para el mundo de hoy, que nos enseña a dejar partir los bloqueos y problemas que causan desequilibrio en nosotros mismos. Esta técnica está basada en la enseñanza de que todo está conectado y que no hay otros ahí fuera, son solo nuestros pensamientos de la otra persona, nuestras propias memorias de la otra persona. Entonces, tomamos 100 % de responsabilidad y limpiamos esas memorias. Lo que se borra de nosotros se borra de los demás. Todo lo que aparece en nuestra vida es un pensamiento, una memoria, un programa funcionando (un error), y aparece en nuestra vida para darnos una oportunidad de soltar, de limpiar, de borrar. Ho'oponopono nos propone traer paz y equilibrio de una manera simple y efectiva, mediante la limpieza mental y física y a través de un proceso de arrepentimiento, perdón y transmutación.

Esto es un pequeño resumen, pero si te ha llamado la atención, te invito a que busques más información y pongas en práctica esta técnica en tu día a día, verás cómo tu vida mejora considerablemente.

Tu niño interior

En los primeros años de vida, estamos a merced de otras personas, ya que no nos valemos por nosotros mismos. Cuando estamos en el vientre de nuestra madre no pasamos frío, no pasamos hambre, todo se nos da sin tener que pedirlo. Pero al nacer, todo eso cambia. Para poder comer tenemos que esperar que alguien nos alimente, por tanto sentimos hambre, sentimos miedo de no recibir el sustento, no sabemos qué pasa, no tenemos conciencia aún de nuestra individualidad. Antes estábamos unidos a nuestra madre y estábamos totalmente protegidos; ahora nos sentimos desprotegidos y sentimos inseguridad, miedo… Lloramos cuando tenemos alguna necesidad: sed, hambre, frío, calor, ruidos extraños… Desconocemos lo que pasa, dónde estamos. Nada de esto lo pensamos conscientemente, es una sensación, es un aprendizaje. Podemos sentirnos abandonados, sentir apego a la persona que nos ayuda a sobrevivir (madre, padre, tutor). Si la persona de la que dependemos nos hace daño, imagínate cuántas percepciones negativas aprendemos.

Es en esa edad cuando absorbemos la mayor cantidad de información del medio que nos rodea. Necesitamos aprender para sobrevivir, incluso aprendemos a manipular a los mayores para recibir lo que necesitamos. Por ejemplo, aprendemos que cuando lloramos, recibimos atención de los mayores. Pero también aprendemos a vernos a nosotros mismos a través de ellos, o al menos lo que percibimos de ellos —que no tiene por qué ser la realidad, es una percepción nuestra—. Con esto quiero decir que nos valoramos según percibimos el valor que nos dan, nos amamos según nos demuestren ellos su amor por nosotros.

Imagínate todas las percepciones negativas que absorbemos al nacer: hambre, frío, calor, sed, luz cegadora al abrir los ojos, apegos, miedos, inseguridad… Y todo esto en casos «normales» de nacer en una familia amorosa, pero si no es así, te puedes hacer una idea de cuán desamparado se podría sentir un bebé, cuánto miedo podría pasar, cuánto dolor… Crecerá con aprendizajes muy negativos, sentirá que debe protegerse del mundo y de las personas. Pero este aprendizaje lo lleva en el subconsciente, no en el consciente.

Se puede decir que, en cierto modo, a esa edad no somos responsables de lo que nos ocurre, se podría decir que somos víctimas. Pero al crecer, al hacernos adultos y conscientes, sí somos responsables y podemos elegir ser víctimas o no. Ahora tienes el poder de decidir con qué aprendizaje te quedas y cuál ya no te sirve, ya que, como he dicho anteriormente, no todo lo que percibiste de pequeño y a lo largo de tu vida fue real. Esto quiere decir que tú percibiste algo externo y lo interiorizaste según tu visión.

Te pongo un ejemplo que me pasó a mí misma de pequeña. ¿A cuántos adultos les gusta reírse provocando a un niño, haciéndole irritar o asustándolo? ¿Te ha ocurrido alguna vez cuando eras niño? ¿Algún adulto te hacía rabiar mientras se reía cada vez más? ¿Se lo has hecho tú mismo a algún niño? A mi padre le gustaba gastarme bromas para reírse de mí diciéndome cosas como que yo era recogida de un contenedor de basura. Recuerdo una ocasión en la que mi madre había salido a tirar la basura y yo no me había dado cuenta porque estaba distraída en mi cuarto jugando. Salí a buscarla para algo, no recuerdo para qué, la busqué por toda la casa y al no encontrarla me asusté. Le pregunté a mi padre dónde estaba ella. Él, al verme la cara, aprovechó para gastarme una broma y reírse. Me respondió que se había ido a Barcelona; nosotros vivíamos en Huelva, España. Yo me lo creí y cuando estaba a punto de llorar, él rompió a carcajadas. Así muchas anécdotas tontas para él, pero que a una niña tan pequeña e inocente le pueden afectar muchísimo, ya que se las puede llegar a creer y pensar que no pertenece a esa familia y que en cualquier momento la abandonarán si no se porta bien. Por supuesto, he resumido mucho estas anécdotas.

A todos los niños se les ha engañado siempre o dicho cosas «inocentes» para que se porten bien, para reírse, para que haga lo que el adulto quiere o para que no lo haga. Aunque no solo los adultos pueden generar distorsión en la percepción de un niño, pues por todos es sabido que las distorsiones más crueles las suelen provocar otros niños, desde reírse por una caída de otro niño, algo tonto e inocente, hasta *bullying*.

En esa distorsión de la realidad, el niño puede interpretar cualquier cosa y crecer con ese pensamiento, esa emoción… Y en esas experiencias tontas a las que el adulto no les da importancia, pero el niño sí, este último se enfoca en ese miedo y la ley de atracción empieza a funcionar, atrayendo a su vida experiencias que confirmen esos miedos. Si ese niño ha sufrido *bullying*, abusos o maltratos por parte de adultos o de otros niños, la distorsión de la realidad y de sí mismo es aún mayor y, por tanto, sus experiencias de vida serán probablemente más dolorosas.

Es muy obvio que hay traumas que necesitan ser sanados y con ayuda de profesionales. Pero el ejemplo de las bromas inocentes puede ser el principio de un cúmulo de sucesos y experiencias basadas en el hecho de que un niño ha crecido con la idea de no ser querido, el miedo de ser abandonado, de ser traicionado, engañado… Por lo tanto, irá atrayendo a lo largo de su vida experiencias basadas en esas creencias.

Algo muy común cuando se tienen hermanos es, por lo general, que el hermano mayor tenga celos del menor: le ha invadido su espacio, le va a quitar el amor de sus padres, puede llegar a creer que sus padres lo van a abandonar. Del mismo modo, ese hermano pequeño percibe esos celos y las jugarretas que su hermano mayor le hace. No entiende todavía el concepto de «celos» y puede llegar a creer que hay algo malo en él y que por eso su hermano no lo quiere.

Por otro lado, existe el caso opuesto al niño que no se ha sentido querido, y es el que ha sido sobreprotegido y consentido. El niño sobreprotegido, al que no le dejaban caer y al que le facilitaban todo para que no tuviera que esforzarse, será, muy probablemente, un adulto que no sabrá afrontar los desafíos de la vida, que no sabrá enfrentar experiencias dolorosas, que no se atreverá a salir de su zona de confort, que se enfadará constantemente cuando las cosas no le salgan bien a la primera, que posiblemente abandone sus objetivos a la primera de cambio…

El niño al que han consentido mucho, al que no han rectificado sus errores o que han tapado esos errores, el típico niño que en la escuela se porta mal y le dice a los padres que es culpa del profe, y allá que van los padres a enfrentarse con el profe… Esos niños tienen todas las papeletas de convertirse en unos delincuentes cuando sean adolescentes o adultos, caer en drogas o comportarse como unos narcisistas, porque han crecido con la creencia de que sus actos no tienen consecuencias, creyendo que se les está permitido todo, no tienen empatía, no distinguen el bien del mal, por decirlo de alguna manera que se me entienda.

Un mismo conflicto interno puede venir por la suma de muchos sucesos, al igual que de un mismo suceso pueden venirte varios conflictos (luego te pongo ejemplos para que entiendas de lo que hablo), pero no puedes sanarlos, liberarlos o transformarlos todos a la vez. Concéntrate en uno, el que te venga a tu corazón, no a tu mente; tu mente la debes usar para traducir lo que tu corazón te diga. Cuando te preguntes a ti mismo «¿para qué me pasa esto?», te vendrán muchas ideas a la cabeza, pero solo una te llegará al corazón o a la boca del estómago. Es un instante, pero sabrás que esa es la respuesta correcta, sabrás que es ahí donde tienes que trabajar en este momento. Cuando tengas eso ya «sanado», más adelante puede llegarte otra respuesta de una misma situación, y puedes pensar: «¡Pero si yo esto ya lo tenía sanado!». Sí, habías sanado una parte, pero no todo. Habías sanado solo la parte para la que estabas preparado, la que podías sanar según tu nivel de conciencia, pero conforme vayas desarrollándote y creciendo, más preparado estarás para ir liberando y transformando otras cuestiones. Debes ser paciente contigo mismo y tener una cosa muy clara: en esta vida nunca se deja de aprender. Has venido a eso precisamente. Esto no quiere decir que nunca podrás tener la vida que deseas, solo que tendrás la vida que crees merecer —que tu subconsciente cree merecer, ya sea buena o mala— en ese momento. Entonces, cuanto más te liberes de las creencias erróneas de tu subconsciente, cuanto más desaprendas, más cerca estarás de la vida que deseas. Te digo más, cuanto más consciente seas, tus deseos irán cambiando, te irás dando cuenta de que lo que antes deseabas ya no lo ves importante, y quizás ahora deseas otras cosas, las que verdaderamente te hagan feliz, las que verdaderamente te llenen el alma. Además, cuantos más conflictos internos vayas sanando y liberando, más en paz vivirás. Cuando te des cuenta, ya habrás sanado tu pasado y solo deberás ir sanando lo que te va pasando día a día (para llegar a este punto se requiere mucha práctica, mucha conciencia y estar muy atento).

Te pondré un ejemplo para que entiendas a qué me refiero cuando digo que un mismo conflicto interno puede venir de la suma de muchos sucesos. Pongamos como ejemplo un conflicto de miedo al abandono derivado de muchos sucesos:

— Suceso 1: Un bebé despierta y no ve a nadie a su alrededor, llora asustado y tardan en acudir. En ese tiempo, se siente abandonado.
— Suceso 2: A ese niño le dicen sus padres que si no se porta bien, lo van a abandonar en un orfanato.
— Suceso 3: Sus padres se divorcian y uno de ellos abandona el hogar. O uno de los progenitores fallece.
— Suceso 4: Un niño está con sus amigos jugando y llegan otros niños hostiles, que comienzan a insultarlo y amenazarlo. Los amigos salen corriendo y lo dejan solo ante el peligro.
— Suceso 5: En la adolescencia tiene pareja sentimental y esta lo abandona por otra persona.
— Así sucesivamente, se sentirá abandonado a lo largo de su vida en muchas situaciones hasta que resuelva ese conflicto, ese miedo a ser abandonado.

Ahora te pondré un ejemplo de cómo un mismo suceso puede conducir a varios conflictos. Pongamos como ejemplo de un mismo suceso el fallecimiento del padre a una edad temprana:

- Posible conflicto 1: Miedo al abandono.
- Posible conflicto 2: Rencor hacia el padre por abandonarlo/a.
- Posible conflicto 3: Desconfianza e inseguridad ante la vida.
- Posible conflicto 4: Miedo a la pérdida (de bienes materiales, personas, trabajo, etc.).
- Posible conflicto 5: Miedo de amar a otra persona, generando un muro de protección.
- Posible conflicto 6: Obsesión con la salud física, miedo a la enfermedad y/o a los accidentes...

Y así con muchos posibles conflictos generados por un mismo suceso, pero que según el carácter de la persona, las experiencias de vida y la educación recibida, le afectará de una u otra manera en su vida, aunque siempre de forma negativa.

No te asustes, la primera vez que trabajes y busques de dónde te viene un conflicto es la más complicada, pues no estás acostumbrado y no sabes muy bien cómo hacerlo; además, te traerá recuerdos dolorosos y lo pasarás mal reviviéndolos. Pero no te frenes, eso es la primera vez. Cada vez te resultará más fácil, menos doloroso y más rápido hallar de dónde te viene el conflicto y liberarlo, te lo aseguro. Solo tienes que ser fuerte para superar las primeras veces que lo hagas. Además, seguramente empezarás sanando los sucesos más dolorosos, son los que te bloquean más; una vez superados estos, los demás son más livianos, incluso algunos te harán reír... Por favor, no abandones tu sanación en la primera dificultad, te aseguro que con el tiempo te alegrarás.

Una práctica muy buena es hablar con tu niño interior. Calmarlo, amarlo, mimarlo, abrazarlo... Haz meditaciones en las que hagas todo eso, pregúntale a tu niño interior qué le pasa. Dialoga con él, pregúntale si tiene miedo por algo, explícale que no tiene nada que temer, hazle saber que lo vas a proteger, que lo amas, que estás orgulloso de él, etc. Sana a tu niño interior. Él te puede dar muchas pistas de lo que debes sanar, liberar, transformar… Existen muchas meditaciones guiadas sobre el niño interior, ayúdate de ellas. Escribe siempre en tu cuaderno todo lo que vayas descubriendo de ti mismo, de tu niño interior.

Ley del espejo

La ley del espejo se refiere a la proyección que hacemos nosotros mismos respecto a otras personas. Lo que vemos en los demás está en nosotros.

Ninguna relación es casual, entendiendo relación como cualquier interacción con otra persona. Cada persona con la que interactúas es para algo. Cuando nos damos cuenta de que otra persona nos cae mal, nos molesta una actitud, nos ofenden sus palabras…, debemos hacer un alto para darnos cuenta de que está actuando como espejo, ya que es la forma de mostrarnos que hay algo en nosotros que debemos limpiar, liberar, sanar. Para averiguar qué debemos ver de esa situación, tenemos que preguntarnos qué nos está molestando en realidad. Una vez sepamos qué es exactamente lo que nos disgusta, debemos mirar hacia dentro y ser conscientes de cuál de las cuatro leyes del espejo es la que nos está representando.

La ley del espejo funciona de cuatro formas distintas:

1. Similitud: Eso que vemos en otra persona también está en nosotros, sea positivo o negativo. Cuando es algo negativo

(sombra), nosotros lo negamos y/o escondemos, quizás porque no nos gusta o porque nos avergüenza. Cuando es algo positivo, no nos lo creemos o no lo vemos. Por ejemplo, cuando nos disgusta que una persona sea tacaña es porque, en realidad, nosotros también lo somos, pero no queremos reconocerlo, y cuando se presenta la ocasión de ser generosos lo somos, pero por dentro nos disgusta dar, así que somos generosos para enmascarar nuestro «egoísmo».

2. Opuesto: Cuando vemos algo en otra persona y nosotros somos todo lo contrario. Usaré el mismo ejemplo anterior: nos molestan muchísimo las personas tacañas porque nosotros somos demasiado generosos. Los extremos no son buenos, así que se te está pidiendo que busques el equilibrio, que aprendas a poner límites, que aprendas a decir no. Siempre por amor propio, es decir, ayuda y da siempre que a ti no te perjudique. No quiere decir que te vuelvas tacaño, dar a los demás desde el amor genera una energía muy positiva para ti y para el que lo recibe, pero hay que saber poner límites. Cuando te están utilizando, cuando la otra persona no pide desde el amor, entonces debes tener amor propio y decir no. Una forma de saber cuándo ayudar y cuándo decir no es comprobar si te hace sentir bien o mal la petición o si intuyes que esconde un interés. También puedes decir no cuando, como dije antes, ayudar a otra persona te perjudica a ti mismo, pero es alguien a quien amas y que te ama. Entonces puedes decir: «Yo no te puedo ayudar, pero podemos buscar otra manera de solucionar tu problema». De esta forma, no desamparas ni te desentiendes de esa persona, pero tampoco te perjudicas a

ti mismo. No pienses ahora en situaciones extremas de vida o muerte o cosas así, sobre todo en las ideas que nos han inculcado las religiones sobre los sacrificios que debemos hacer para que Dios nos ame o nos perdone o nos acepte. Dios no quiere sacrificios, lo que quiere es que te ames y que ames a tus hermanos y a todo lo que te rodea, lo que quiere es que recuerdes quién eres, su hijo, y, por lo tanto, te ama como tal y solo desea tu felicidad —como cualquier padre—; pero este es un tema muy delicado y extenso que no quiero abordar ahora, especialmente si no eres creyente. Así que céntrate en ti, en lo que tú sientes. Volviendo a la ley del espejo, en el opuesto se trata de buscar el equilibrio en aquello que eres extremista, sea algo calificado como bueno o como malo. Ningún extremo es bueno.

3. Se lo haces a otras personas: Cuando lo que te molesta de otra persona se lo haces tú a los demás o incluso te lo haces a ti mismo sin que te des cuenta. Te pongo un ejemplo de cuando se lo haces a otra persona. En tu trabajo tienes un compañero que es vago y no hace su trabajo, así que tú tienes que hacerte cargo de realizar las tareas que él no hace. Resulta que te pones a pensar y, por ejemplo, tú en casa no realizas las tareas domésticas y las tiene que realizar siempre la persona con la que convives, a pesar de que también tiene trabajo fuera o simplemente no tiene días de descanso ni vacaciones, ya que las tareas domésticas no paran nunca. En este caso, lo que te hacen a ti en el trabajo se lo estás haciendo tú a la persona que convive contigo en casa, así que deja de ser vago en casa, aporta tu granito de arena, tu parte de responsabilidad y verás que cuando cambias tu

actitud en casa, tu compañero de trabajo, como por arte de magia, también cambia su actitud.

4. Idealizas a la persona: Esto ocurre cuando no ves a la persona tal como realmente es, sino como te gustaría que fuera. Entonces esperas ciertas reacciones o actitudes de esa persona y cuando no las obtienes, te decepcionas y sufres.

Descodificar tus células

Ya hemos hablado de una parte de ti que te limita para conseguir tu felicidad, paz, bienestar, sentirte realizado… Ahora vayamos a por otra parte: lo heredado, lo que está codificado en tus células.

Antes de adentrarme en la codificación celular, quiero hablarte un poco de nuestro cuerpo humano. Los científicos no paran nunca de estudiar, investigar y experimentar, por eso cada vez hay más adelantos; otra cosa es cómo usen esos descubrimientos aquellos que tienen el poder de financiar, publicar, vender y exponer a la sociedad. Pero no me quiero desviar del tema central ni tampoco hablar sobre ello. Volviendo al tema del cuerpo humano y sus procesos internos, un grupo de científicos publicaron en el *ABC Salud* algunos de sus resultados. En concreto, Michael Fischbach cree que dentro de nuestro organismo pueden residir muchos medicamentos de origen natural, fabricados por nuestra microbiota y que trabajan para mantener nuestra salud.

Tendemos a pensar que los medicamentos son desarrollados por compañías farmacéuticas, aprobados por las agencias reguladoras y prescritos por los médicos; pero ahora pensamos que hay muchos medicamentos de igual potencia y especificidad que se producen por la microbiota humana.

Extraído de «Nuestro organismo,
una desconocida fuente de medicamentos» (abc.es)

Otra de las ciencias que estudia al ser humano como un todo es la medicina antroposófica, que fue fundada en 1920 por el Dr. Rudolf Steiner. La Seguridad Social cubre sus costes en Alemania, Bélgica, Francia, Gran Bretaña, Holanda, Italia, Finlandia y Suiza. La medicina antroposófica se alimenta de dos fuentes, de la medicina científica y de la ciencia antroposófica. Es una medicina integradora al considerar al hombre compuesto de un cuerpo material, un psiquismo y una personalidad individual. Vida, alma e individualidad son en sí elementos inmateriales, pero a pesar de ello, bien reales. La salud y la enfermedad nacen en ese juego de fuerzas, y esto es algo que va más allá de una mera interacción molecular. Es por eso que la palabra *antroposofía*[3] significa 'el hombre que se conoce a sí mismo', que es consciente de su naturaleza.

Te informo de todo esto para que abras tu mente y veas más allá de lo que conocemos comúnmente. Aunque existe mucha más información y teorías, no voy a exponerte todas aquí porque no es mi cometido, mi intención es que a tu mente racional le resulte más fácil entender lo que trato de explicarte.

Volviendo al tema de la descodificación celular, existe también mucha información que puedes buscar tú mismo. Sobre este tema hay un personaje que para mí destaca mucho, Enric Corbera. Te

---

[3]   El nombre deriva de *anthropos,* «ser humano», y *sophía,* «sabiduría».

invito a que lo conozcas. Puedes buscar información a través de las redes sociales. En YouTube tiene muchos vídeos sobre conferencias y talleres. Él y su equipo tratan la bioneuroemoción, «un nuevo método para el bienestar emocional. Existe una estrecha relación entre lo físico, lo emocional, lo mental y lo espiritual, por ello, desde la bioneuroemoción, Enric Corbera Institute propone una visión unificada de la vida en todas sus manifestaciones».

¿Qué significa que la información esté codificada en nuestras células? Para hacerme entender mejor, me voy a remontar al origen del ser humano; aunque esto mismo ocurre con los animales, yo me voy a centrar en los humanos. En nuestros primeros años de existencia, nos comunicábamos a través del lenguaje corporal, sonidos, etc., pero no con palabras, ya que no se había creado el lenguaje verbal. Entonces, ¿cómo podían transmitir a sus descendientes las enseñanzas aprendidas? Pues a través de la codificación celular. Esto no es algo que hagamos conscientemente, es nuestra propia naturaleza la que está preparada para hacerlo, ya que nuestro cuerpo está creado para sobrevivir y de forma natural nos proporciona todo lo necesario para ello. Básicamente, en aquella época esas enseñanzas eran sobre la supervivencia.

¿Cómo consigue nuestro cuerpo codificar la información necesaria? Esto ocurre cuando pensamos y sentimos algo, ese pensamiento lo recogen todas y cada una de nuestras células y reaccionan ante esa información, que es almacenada para reaccionar la próxima vez de la misma manera ante una situación igual o parecida. Por ejemplo, en alguna ocasión, alguien comió una planta venenosa y enfermó o murió. Si sobrevivió, su cuerpo recordará el olor de esa planta, el color, dónde crece, el aspecto, en qué época crece, etc., y la próxima vez que perciba una característica de esa planta o todas, su cuerpo la rechazará a través del miedo, del dolor de estómago, los pelos de punta o como sea que el cuerpo le avise de no comer esa planta. Esa información es almacenada en sus células y la transmitirá a sus próximas generaciones. Si este personaje murió, los que sobrevivieron y vieron lo ocurrido tendrán ese mismo efecto y su cuerpo guardará esa información en cada una de sus células.

Recuerda la explicación que te di sobre el cerebro del corazón y cómo esa energía se extiende en un radio alrededor del cuerpo, afectando así a lo que esté a su alrededor. Es otra forma de codificar la información celular.

Los descendientes, en cualquiera de los dos casos, sin saber por qué, cuando perciban esas características de esa planta, tendrán miedo, les dolerá la cabeza, sufrirán dolor de estómago, etc. ¿Comprendes? Lo mismo ocurre con las emociones, si alguien pasa por un trauma muy doloroso, también irá codificado en sus células y sus descendientes lo heredarán. Por ejemplo, una mujer fue violada cuando volvía a su casa una noche mientras cruzaba por un callejón. Quizás nunca lo contó a nadie por diversos motivos, pero sus hijas y nietas pueden tener miedo a pasar por callejones oscuros y no saben por qué. Pero imagínate que esa mujer sí contó su historia. Entonces, además de que sus hijas y nietas lo llevan codificado en sus células, también lo llevan en su mente, con lo cual se hace doblemente fuerte esa información.

La codificación celular tiene su razón de ser y es salvarnos la vida y asegurar la supervivencia de la especie, pero esta información no discrimina cuál es valiosa y cuál no. Usando los ejemplos anteriores, el de la planta venenosa es una información muy valiosa, ya que nos puede salvar la vida, pero el de la mujer violada no lo es, ya que fue un suceso aislado y personal que no tiene por qué repetirse; de hecho, es muy improbable que se repita, a no ser que se le dé esa fuerza con la mente y se provoque su materialización (ley de atracción, física cuántica…), pues lo que creemos lo creamos, es decir, lo materializamos, lo hacemos realidad.

¿Qué ocurre con todo esto? Pues que si tenemos una información codificada que es limitante, estamos expuestos a repetir patrones y, al repetirlos, también los vamos a tener en nuestro subconsciente como aprendizaje. Con lo cual ya lo estamos reforzando doblemente y las probabilidades de enfrentarnos constantemente con situaciones similares aumentan cada vez más. Por ejemplo, en el caso de la mujer violada, a una nieta puede que no la viole un desconocido en un callejón, pero tiene una pareja que abusa de ella. El patrón de violación se repite aunque con otro escenario.

¿Cómo podemos liberar esta información genética que nos está limitando, frenando y haciendo daño? Existen varios métodos, el primero y más fácil es buscar ayuda de un experto en descodificación celular. Por otro lado, es importante conocer las experiencias de tus ancestros, averiguar qué les ocurrió a tus padres, abuelos, bisabuelos, etc., sus anécdotas traumáticas y dolorosas. Te sorprenderá la relación que existe entre lo que ellos vivieron y tus experiencias vividas. Una terapia muy extendida es la de las constelaciones familiares; a veces no podemos recaudar información, pero en estas terapias no suele ser necesario. Hay expertos que usan las fechas para saber con cuál de tus ancestros estás más relacionado, como fechas de nacimientos, de muertes, etc.

La decodificación celular es muy utilizada cuando se trata de enfermedades del cuerpo. El cuerpo somatiza cualquier emoción o pensamiento, ya que son energías, como he explicado antes, y estas energías le dicen al cuerpo cómo comportarse. El cuerpo, cuando acumula mucha energía desequilibrada, nos avisa a través de dolor, traumas, enfermedad… Es muy importante saber cuál es el problema para entender dónde está la raíz. La medicina moderna solo trata los síntomas (la enfermedad[4], el dolor), pero no soluciona la raíz del problema, por lo que debemos complementar el tratamiento médico con otro tratamiento adecuado para buscar el origen del problema y sanarlo. De no hacerlo, el cuerpo podrá recuperarse esta vez gracias a la medicina, pero volverá a somatizar el problema, volverá a enfermar.

El estado natural del cuerpo es estar sano, el cuerpo no enferma de la nada ni por someterse a agentes externos, ya que es capaz de generar sus propias defensas. Pero cuando existe un problema en nosotros, como depresión, malos pensamientos, rencor, odio, estrés…, esto hace que bajen nuestras defensas, que se debiliten las células y que no funcionen correctamente. Como resultado, nuestro cuerpo enferma o nos ocurren accidentes como torcernos un pie, machacarnos un dedo, caernos… Todo esto también son señales para que sepamos que algo no está bien en nosotros y que lo solucionemos. Gracias a internet, existe muchísima información. Busca y quédate con la que sientas que es fidedigna y que es lo correcto para ti. Por ejemplo, busca qué significa machacarse el dedo meñique de la mano derecha. Puedes encontrar varias respuestas, cuando encuentres la información correcta, lo sabrás. Tu intuición te dejará saber que eso es lo que te ocurre a ti. Incluso existen autores que han creado libros a modo de diccionario de

---

[4]   Entendiendo que la enfermedad no es la raíz del problema, sino una consecuencia.

enfermedades, donde te proporcionan una guía para que comprendas de dónde puede venir el síntoma que padeces. Todo es muy relativo, pero es una buena guía.

Una vez localizada la información errónea que queremos cambiar, podemos usar las afirmaciones positivas. Puedes decirte algo así como: «Esto no es mío, no me pertenece, lo libero», «Estos pensamientos no significan nada», «Estoy disgustado porque veo algo que no está ahí», «Estoy decidido a ver las cosas de otra manera», «Por encima de todo quiero ver». Estas últimas afirmaciones están sacadas de *Un curso de milagros*.

Otro método es la técnica de Ho'oponopono. Existe una oración general que reza así:

Divino Creador, padre, madre, hijo, todos en uno, si yo, mi familia, mis parientes y antepasados te hemos ofendido a ti, a tu familia, parientes y antepasados en pensamientos, palabras, hechos y acciones desde el inicio de nuestra creación hasta el presente, nosotros pedimos tu perdón.

Deja que esto se limpie, purifique, libere, corta todas las memorias, bloqueos, energías y vibraciones negativas y transmuta estas energías indeseables en pura luz. Así es, hecho está.

Lo siento mucho, perdóname, te amo, gracias.

Lo siento mucho, perdóname, te amo, gracias.

Lo siento mucho, perdóname, te amo, gracias.

En el momento en que inicias tu limpieza de Ho'oponopono, le das permiso a la divinidad (no te centres en los nombres que uso, te repito que son energías) para resolver tus problemas.

El universo manifiesta exactamente lo que le pedimos. Estas manifestaciones, ya sean limitantes, de empoderamiento o de lo que sea, se producen por causa del pensamiento inconsciente unido a las emociones y aparecen en nuestra realidad.

Existen también oraciones concretas para casos concretos que tú mismo puedes crear conforme te vayas familiarizando con esta técnica, si así lo deseas. Además, esta técnica no solo te sirve para sanarte a ti mismo, sino también para sanar a otros a través de ti. Todos estamos conectados y todos guardamos las mismas memorias; si conoces la física cuántica o mecánica cuántica, te resultará más fácil entender esto. Te pongo ejemplos de oraciones:

— Si padeces una enfermedad:

Querido Creador, borra dentro de mí aquellas memorias dolorosas, bloqueos, creencias limitantes, energías y vibraciones negativas que están provocando esta manifestación de enfermedad (puedes nombrar la enfermedad) en mi cuerpo (o en el cuerpo de la persona a la que deseas sanar). Gracias porque así es, hecho está.
Lo siento mucho, perdóname, te amo, gracias.
Lo siento mucho, perdóname, te amo, gracias.
Lo siento mucho, perdóname, te amo, gracias.

— Si tienes sobrepeso u obesidad:

Divinidad, limpia en mí cualquier creencia, memoria o emoción que esté contribuyendo a crear esta falsa apariencia de persona (obesa o con sobrepeso) y transmuta toda energía negativa en pura luz.
Lo siento mucho…

— Si vives en la escasez económica:

Divinidad, limpia dentro de mí cualquier creencia, memoria, contrato, energía o vibración que esté contribuyendo a esta escasez económica.

Lo siento mucho…

¿Vas entendiendo? De todas formas, existe mucha información y hay personas que se dedican a practicar y enseñar esta técnica, si es que resuena contigo y quieres saber más o practicarla. Déjate guiar por tu intuición.

El simple hecho de ser consciente de alguna creencia limitante, memorias dolorosas, etc., que te vienen de tus antepasados, es un gran paso para poder liberarlas. Ya que no te pertenecen y si estás en este punto, probablemente, una de tus misiones de vida sea sanar al clan familiar de dicha herencia. Si no lo haces, tus descendientes heredarán esa información y tendrán que sanarlas ellos, porque se van a enfrentar a dichas experiencias.

Quizás tengas hijos y pienses que ya es tarde, pero no es así. Todo es energía y todos estamos conectados; por lo tanto, al liberar la energía de tus células, liberas las de los que están a tu alrededor.

Capítulo 3

¿Cómo las energías influyen en nuestras vidas?

Todo es energía y todo está conectado, pero nuestros sentidos físicos (vista, oído, sabor, tacto y olfato) no la perciben. La energía vibra a diferentes frecuencias, tal como funciona la radio, y dependiendo de la frecuencia a la que la conectes, emitirá una emisora u otra. Las vibraciones más bajas son muy densas y, para explicarlo de forma que lo entiendas, digamos que van desde la oscuridad plena (sería la más baja), relacionada con el miedo y el ego, a la luz más brillante (sería la más alta), relacionada con el amor y con lo divino, o desde lo material (la más baja) a lo etéreo (la más alta).

Nosotros somos energía. La energía ni se crea ni se destruye, solo se transforma. Nuestros pensamientos, palabras y emociones también son energías; dependiendo del tipo de pensamientos, palabras y emociones, estas energías vibrarán a distintas frecuencias, por lo que un pensamiento, palabra o emoción positivos vibran a una frecuencia más elevada que un pensamiento, palabra o emoción negativos.

La fórmula más famosa de Albert Einstein es: $E = mc^2$.

Traducido sería: energía = masa por velocidad de la luz al cuadrado. En resumen, significa que la materia no es más que una forma de energía, descubrimiento que tuvo —y tiene— unas consecuencias impactantes en el mundo de la física. Por lo tanto, esto se traduce en que tus pensamientos, palabras y emociones, que son energía, producirán una masa, es decir, una materialización.

Por otro lado, el famoso Isaac Newton, físico, filósofo, teólogo, inventor, alquimista y matemático inglés, formuló la teoría de la gravitación universal: «Todos los objetos se atraen unos a otros con una fuerza directamente proporcional al producto de sus masas e inversamente proporcional al cuadrado de la distancia que separa sus centros». Todo esto quiere decir que energías y masas iguales se atraen. Por lo tanto, tus pensamientos y emociones se materializan y atraen semejantes situaciones, personas, objetos... Por lo que puedes decir que tu realidad la has creado tú, y si quieres cambiarla, deberás cambiar tus pensamientos, palabras y emociones.

Tus pensamientos y emociones son energía, la energía se materializa (crea) y atrae semejantes energías, o sea, atraes semejantes materializaciones. Es decir, lo que piensas y sientes lo proyectas al exterior y lo materializas, atrayendo situaciones, personas y una realidad acordes a la energía que emites. Son energías que vibran en la misma sintonía que estás vibrando tú. Por lo tanto, si tienes pensamientos de escasez, por ejemplo, atraerás situaciones de escasez. Si tienes creencias de abundancia, atraerás situaciones de abundancia.

Esto también lo explica la física cuántica; de hecho, estudios recientes demuestran en laboratorio que la realidad no existe. Se trata de la primera vez que un laboratorio real pone a prueba las extrañas teorías de la mecánica cuántica sobre el mundo que nos rodea. De hecho, podríamos decir sin miedo a equivocarnos que los hechos objetivos no existen. Lo que ha demostrado la física cuántica tras numerosos experimentos es que la naturaleza misma de la realidad no es objetiva, sino que depende de quien esté mirando. Viene a explicar algo así como que la realidad varía según el observador. La realidad cambia según lo que proyecte el observador. La energía que emitimos (proyectamos) con nuestros pensamientos, palabras o emociones hace que se materialice una realidad acorde a esa energía. Lo cierto es que la física cuántica es una de las ciencias más complejas y difíciles de entender; aun así, te invito a que busques información.

Imagina que si una sola persona es capaz de crear, ¿cuánto no crearán masas de personas pensando y creyendo lo mismo? Por eso tienes las mismas creencias que la sociedad en la que vives, porque todos comparten esas creencias y las materializan, y creas en lo que creas, siempre tendrás razón porque es lo que estás materializando. Por lo tanto, la realidad que experimentas, ves y percibes es la que han generado y materializado millones de personas, pero no es inmutable. Si la realidad varía según el observador, podríamos cambiarla si la observásemos con otra energía. Pero no te pido que cambies el mundo, solo tu realidad más cercana.

Por ejemplo, tú crees que no te van a dar trabajo y un amigo te dice que seguro que te lo dan, que seas positivo. Vas a la entrevista de trabajo y te dicen que no eres apto para el puesto, así que le dices a tu amigo: «¿Ves como yo tenía razón?». Pues claro que la tenías, ya creías de antemano que no te iban a dar el puesto y eso es lo que has materializado. Además, son tantos años de experiencia obteniendo los mismos resultados que a tu mente racional le costará trabajo creer otra cosa. Por lo tanto, creas en lo que creas, tendrás razón. Podrás decirme que no es así, que tú ibas muy positivo y creyendo en que te lo iban a dar, pero eso lo hacías con el consciente, tu subconsciente en realidad no lo creía. Recuerda que el consciente es un 10 % aproximadamente, frente al subconsciente, que es el 90 % restante. Así que mejor pregúntate: ¿cómo quieres que sea tu vida? ¿Estás teniendo pensamientos y emociones acordes con ese tipo de vida? ¿Crees posible conseguirla?

Ahora volvemos al tema de antes, aquí viene el subconsciente, ese 90 % de tu mente que contiene las creencias que te han llevado a tener la vida que tienes hoy en día. Y ese es el que hay que trabajar más. Porque por mucho que tú digas «es verdad, me doy cuenta de que yo mismo he creado que no me den el puesto de trabajo», eso lo piensas con el consciente, pero al subconsciente hay que convencerlo también. Como te he explicado, eso no se consigue de un día para otro, hay que ser muy constante y estar muy pendiente de tus pensamientos para poder cambiarlos.

Te pongo otro ejemplo para que comprendas el poder de la mente y que está científicamente probado: el efecto placebo. A un enfermo —da igual la enfermedad— se le da una miga de pan en forma de pastilla y se le dice que esa «pastilla» lo va a curar, y el enfermo se cura. Entonces, ¿qué es lo que lo curó?, ¿la miga de pan o su creencia en que se iba a curar? El efecto contrario también ocurre y también está demostrado científicamente: a una persona sana se le hace creer que está enferma o que va a morir y se enferma o muere. Te cuento un caso.

Un científico de Phoenix, Arizona, quería probar una teoría. Necesitaba un voluntario que llegase hasta las últimas consecuencias. Por fin lo encontró, era un condenado a muerte que sería ejecutado en la silla eléctrica en la penitenciaría de St. Louis, en el estado de Misuri. El científico le propuso al condenado lo siguiente: participaría en un experimento científico que consistía en hacerse un pequeño corte en el pulso, con el propósito de que su sangre fuera goteando lentamente hasta la última gota. Le explicó que tenía mínimas probabilidades de sobrevivir, pero que, de todas formas, su muerte sería sin sufrimiento ni dolor, ni siquiera se daría cuenta.

El condenado aceptó, porque morir de esta manera era preferible a morir en la silla eléctrica. Lo colocaron en una camilla y ataron su cuerpo para que no pudiera moverse. A continuación, le hicieron un pequeño corte en la muñeca y colocaron debajo de su brazo una pequeña vasija de aluminio.

El corte fue superficial, solo sus primeras capas de piel, pero fue lo suficiente para que él creyera que realmente le habían cortado las venas. Debajo de la cama fue colocado un frasco de suero con una pequeña válvula que regulaba el paso del líquido, que caía en forma de gotas en la vasija. El condenado podía oír el goteo y contaba cada gota de lo que creía que era su sangre.

El científico, sin que el condenado lo viera, iba cerrando la válvula para que el goteo disminuyera, con la intención de que pensara que su sangre se iba terminando.

Con el pasar de los minutos su semblante fue perdiendo color, su ritmo cardíaco se aceleraba y le hacía perder aire a sus pulmones. Cuando la desesperación llegó a su punto máximo, el científico cerró por completo la válvula y entonces el condenado tuvo un paro cardíaco y murió.

El científico consiguió probar que la mente humana cumple estrictamente todo lo que percibe y que el individuo lo acepta, sea positivo o negativo, actuando sobre toda nuestra parte psíquica y orgánica.

La mente no tiene límites cuando se engaña a sí misma. Cuando no entiende las cosas, fabrica lo que puede para entender.

¿Conoces la expresión «la fe mueve montañas»? ¿La entiendes ahora? Una creencia bien arraigada y fuerte es muy poderosa, capaz de cambiar la realidad que percibes.

Todo ocurre en tu interior. El exterior es un reflejo de tu universo interno. Si quieres cambiar algo, mira hacia dentro y limpia aquellas creencias y memorias que lo generaron. Por eso comienza con cosas pequeñas, que te vayan demostrando que esto funciona para que tu fe aumente y te vayas atreviendo cada vez con cosas mayores. Vuelve a leer la parte en la que propongo algunos ejercicios.

Luego tenemos a las personas que están a tu alrededor, la televisión, las redes sociales…, diciéndote las mismas cosas de siempre y diciendo cómo es la realidad. Es muy difícil cambiar unas creencias cuando todo a tu alrededor te bombardea con lo contrario. Al principio te costará mucho darte cuenta de cómo en una simple conversación con la persona que convives a diario sigues hablando y decretando las mismas cosas de siempre y estando de acuerdo con esa persona.

Te pongo un ejemplo. Esa persona tiene un problema con el banco y viene a contártelo con quejas. El problema es que le han cobrado la comisión anual y le parece excesiva. Entonces empieza a quejarse y a decir que son unos ladrones, unos sinvergüenzas y todo lo que se le ocurra, y tú te sumas a esas palabras malsonantes y quejas. Ya puedes estar imaginando que esas emociones de ira y las palabras malsonantes son de baja vibración, y que la energía es materia y, por tanto, estáis materializando y atrayendo todo eso de vuelta hacia vosotros.

En este caso en concreto, yo te puedo decir que si vas a un supermercado y ves que los productos te parecen muy caros, lo normal es que vayas a otro supermercado donde te parezca que los productos son más baratos, ¿verdad? Pues con los bancos lo mismo. Su beneficio es la comisión, es el cambio por guardar tu dinero, hacer transacciones con él, prestarte dinero... Si te parecen caras, vete a otro banco que te ofrezca unas comisiones o servicios que te parezcan mejores. Si crees que ninguno se merece las comisiones que cobra por todos los servicios que te da, entonces haz lo que hacían nuestros ancestros, guarda el dinero en tu casa, pídele a tu jefe que te pague en mano y paga tú también en mano por todos los servicios y artículos que deseas adquirir. No estoy justificando los abusos y las manipulaciones de otra índole, solo estoy hablando de las comisiones del banco, que se supone que son el beneficio de su negocio. Yo te propongo que en lugar de quejarte y pensar que te están robando, te pongas tú en su lugar, pienses en todos los servicios que ofrecen, cuántos gastos les produce a ellos tener ese negocio abierto —sea el negocio que sea— y luego pienses si tú pusieras ese mismo negocio, ¿qué precio deberías cobrar al consumidor para cubrir tus gastos y obtener un beneficio?

Te digo todo esto para que analices las circunstancias concretas, ya que no se trata de que aceptes algo que es injusto y te dejes manipular, o que permitas que abusen de ti, eso es otro tema; por supuesto, en tales casos no debes permitirlo. Hablamos ahora mismo de las quejas, esas que se hacen por costumbre de forma egoísta, pretendiendo que nos den todo lo bueno pagando muy poco, cuando todo nos parece caro. Esos son pensamientos de escasez.

Las quejas tienen muy baja vibración y todo te viene de vuelta. Entonces, en lugar de quejarte, ¿por qué no pruebas a agradecer el servicio o el producto que te dan, después de haber elegido el más acorde contigo, y pagas por ello con todo el amor y agradecimiento? Verás los cambios que se producen en tu vida. Lo que das es lo que recibes, y el agradecimiento es una energía de muy alta vibración, así que si pagas con agradecimiento y amor, el dinero volverá a ti multiplicado. Pero si piensas que te están robando y pagas a disgusto, estás rechazando el dinero y alejándolo de ti, además de que vas a materializar eso en tu vida, más personas que te roben. El dinero también es energía y puedes estar rechazándolo de muchas maneras. La mejor forma de atraer dinero es dejar que fluya, pensar que hay para todos, no pensar de forma egoísta sobre él, ni creer que es malo, ni pensar que el dinero convierte a las personas en malas, ni creer que te roban, sino todo lo contrario. Piensa y cree de antemano que te van a dar un servicio o producto de muy buena calidad, que vas a quedar tan satisfecho que el pago que des te va a parecer muy barato y que incluso vas a dar propina por lo agradecido que estás. Recuerda hacerlo siempre desde el subconsciente, desde el corazón; de lo contrario, no funciona.

Estos pensamientos son un sinfín de creencias adquiridas a lo largo de la historia de las que muchas veces no somos conscientes. Pregúntate: ¿qué decían tus padres (tutores) acerca del dinero?, ¿qué opinaban de las personas ricas?, ¿cómo creían ellos que había que ganarse el dinero?

Mira tu vida. ¿Cómo son tus relaciones? ¿Cómo es tu salud física? ¿Cómo va tu economía? ¿Cómo es tu trabajo? Atender la casa, los hijos, cuidar a otras personas… también es trabajo, aunque no esté remunerado. ¿Cómo es la sociedad en la que vives? ¿Te gusta tu vida? ¿Hay aspectos de tu vida de los que estás satisfecho y otros de los que no?

Pues toda tu vida es un reflejo tuyo, mira qué aspectos no te gustan y los que sí te gustan, compara tus creencias, tus emociones, tu forma de hablar respecto a esos temas y sé consciente de lo que estás proyectando.

Solemos creer que todo lo que nos pasa es externo, que estamos a merced de los demás, de la suerte, etc. Sin embargo, no es así. Nada es externo, todo viene de dentro. Es algo alentador, ¿no crees? Si somos los responsables de nuestra vida, está en nuestras manos cambiarla. Ya te he explicado que no puedes cambiar a los demás; por lo tanto, no esperes que con tu cambio de conciencia vas a cambiar el mundo, para eso tendríamos que hacerlo todos juntos, y date cuenta de que la mayoría de los seres humanos siguen compartiendo las mismas creencias limitantes y negativas, por lo que siguen materializando la misma realidad. Creo firmemente que algún día lo conseguiremos, pero por el momento cada cual tiene que cambiar su propia conciencia y su propia realidad.

Cuando digo que puedes cambiar tu propia realidad, me refiero a que si cambias tu vibración cambiarás también la vibración de lo que atraes, y entonces atraerás otras situaciones y personas que vibrarán en tu misma sintonía. La pregunta más recurrente de toda persona que escucha por primera vez esto es: «¿Entonces me tengo que divorciar?», o «No puedo alejarme de mis hijos, padres, hermanos…», o «¿Tengo que cambiar de ciudad o de país?». Pues en ocasiones será un sí y en otras será un no, solo debes cambiar tus creencias y actitudes y hacer las cosas de forma distinta a como las has venido haciendo hasta ahora, ya que te ha quedado demostrado una y otra vez que no te funcionan. Pero esas respuestas están en tu interior, y solo tú puedes responderlas. Es tu vida, nadie va a vivirla por ti. «Tú decides qué hacer con el tiempo que se te ha dado», como dicen en *El señor de los anillos*.

Es cierto, existen personas en nuestras vidas de las que no «podemos» alejarnos —que sí se puede, pero no se desea—, y no es necesario hacerlo, ya que al cambiar tu vibración, afectará a las personas que te rodean y, por ende, cambiará tu relación con ellas. Recuerda lo que te expliqué del corazón, su energía se proyecta a una distancia de ti y, por tanto, afecta a las personas y objetos de tu alrededor. A veces esto no ocurrirá, pero entonces deberás elegir si alejarte o no permitir que te afecten las reacciones de la otra persona. En otras ocasiones no tendrás que elegir, simplemente ocurrirá, las personas que ya no vibren en tu misma sintonía se alejarán de una manera u otra, ya que su papel en tu vida ha concluido, y será perfecto. A algunas de estas personas quizás estés muy aferrado y no querrás soltarlas, entonces tendrás que trabajar el desapego. Pero te digo de antemano que cuando se trata de personas con las que existe una relación de amor verdadero, es mucho más probable que la relación mejore muchísimo.

Te pongo un ejemplo de relaciones que se romperán en el momento en el que cambies lo que estás proyectando. Un ejemplo muy claro es la mujer maltratada por su marido o viceversa. La persona maltratada tiene una creencia sobre sí misma de mucha desvalorización, entre otras cosas, que puede provenir de traumas en su niñez (habría que investigar de dónde le viene, solo es un ejemplo para que se me entienda). Por lo tanto, es una persona que cree que merece que la maltraten y su vibración es baja, al igual que la energía del maltratador, que también es baja. Uno necesita al otro y viceversa. En el momento en que cambie esa creencia y crea que merece amor verdadero, esa energía ya no vibrará con la de la persona que la maltrata y, por lo tanto, decidirá alejarse o se darán las circunstancias idóneas para que esa persona se aleje de ella. Pero si esa persona maltratada no cambia su creencia de merecer amor verdadero desde lo más profundo de su interior y solo lo hace desde el consciente, aunque se aleje del maltratador actual, atraerá a otro maltratador. Tendrá otro nombre, otra cara, otro cuerpo, pero seguirá buscando —inconscientemente— a alguien que la maltrate, porque eso es lo que cree merecer. Eso es lo que proyecta y eso es lo que materializa.

Pero supongamos que se trata de relaciones basadas en el amor, aunque están intoxicadas por los egos, es decir, dejáis que sean vuestros egos los que hablen y reaccionen. Por ejemplo, comenzáis una discusión por cualquier tontería y ninguno de los dos escucha al otro, cada uno de vosotros quiere imponer su idea, su criterio y culpar al otro, habláis los dos a la vez o no dejáis terminar la frase del que está hablando… Si quieres un cambio positivo en tu relación, puedes actuar de forma distinta a la acostumbrada. Por ejemplo, tú conoces muy bien a la otra persona y sabes de sobra que comienza a alterarse, y que tú te sueles alterar también y así comienza la discusión. En una de esas ocasiones en las que veas que comienza una discusión, cuando eres consciente de que todo va a empezar, haz algo distinto (puedes practicar mentalmente las palabras de Ho'oponopono o no, según lo sientas), sonríele, acaríciale la cara, por ejemplo, y dile «yo también te quiero». Es algo que no se espera, la dejarás sin palabras. Habrás cortado radicalmente esa energía negativa que comenzaba a aflorar e impedirás que crezca. Cuando notes que estáis calmados, habla, no discutas, escucha su punto de vista, empatiza, comprende su postura y luego explícale la tuya e intenta llegar a un acuerdo. Si ves que tiene razón, pide perdón; si crees que solo la tiene en parte, pide disculpas por la parte que te toca. De esta manera, podréis llegar a un mejor entendimiento y podéis afianzar más vuestros lazos, podéis reeducaros en vuestra forma de comunicaros o llegar a un acuerdo equitativo ante aquellos aspectos en los que discrepáis. Convertís lo que podría ser un conflicto en un aprendizaje, aprendéis a respetaros, a comunicaros, a valoraros, y el amor crecerá entre vosotros por añadidura. Puede que tu ego te haga florecer el orgullo y te diga cosas como que siempre tienes que ceder tú, que te vas a rebajar o mil cosas para impedir que encuentres la paz, pero te digo que el ego no es un buen maestro. Si se trata de una relación basada en el amor, debes preguntarte: ¿qué es más importante para ti, tener razón o tener paz?, ¿ganar una discusión a costa de «quemar» el amor o luchar por mantener vuestra relación? Uno de los dos debe comenzar a ser adulto y enseñar al otro a relacionarse de forma correcta y amorosa, pero se debe hacer desde el ejemplo, desde el amor. Esto no significa que debas tolerar insultos o cualquier otra falta de respeto, pero te puedes dar a respetar sin necesidad de entrar en esa dinámica de insultos, demuestra tu inteligencia emocional. Si lo que os une es el amor, la otra persona estará dispuesta a mejorar; si lo que os une es otra cosa distinta al amor, ¿para qué seguir adelante con alguien que no te ama y a la que posiblemente tampoco tú ames? Seguramente, confundís el motivo por el que estáis juntos con amor. Llamáis amor a algo que podría ser obsesión, necesidad de que nos quieran, miedo al abandono y un sinfín de motivos distintos al amor.

Vuestra casa es vuestro hogar, y no me refiero solo a lo material, sino al sentir que cuando estás con la persona correcta te sientes como en casa, sea donde sea. Pues bien, imagina que estás fuera de casa por trabajo, visitas de familiares o amigos, compras, etc., y has tenido un mal día. Lo que más deseas es llegar a casa, ese es tu refugio, donde encuentras paz, seguridad, confort… ¿Qué ocurre en una familia disfuncional? Que cuando llegas a casa encuentras miedo, discusiones, no te sientes a gusto, no te sientes a salvo. No puedes contarle a la persona que amas —ya sea tu pareja, madre, padre, hijos…— tus problemas, no puedes desahogarte, y no solo eso, sino que, además, te juzgan, te atacan por algo que has hecho mal, o viceversa, eres tú quien recibe así a los miembros de tu familia. El hogar debe ser la unión, el refugio de todos, donde des y recibas amor, donde se corrijan los errores desde el amor y no desde el miedo o la ira. Si eso es lo que quieres construir en tu vida, comienza por ti mismo y educa a los demás miembros desde el ejemplo. Da sin esperar nada a cambio y verás los cambios que se producen.

En resumen, para realizar cambios en tu vida debes elevar tu vibración a través de tus pensamientos, sentimientos, acciones, lenguaje verbal… Al principio te costará trabajo, pero la constancia hará que consigas la transformación. Llegará un momento en que lo hagas de forma natural. Se trata de reeducarte.

Cuida mucho lo que dices. La palabra es la cúspide de los tres ingredientes más importantes para materializar la energía. Es decir, emoción + pensamiento + verbo = materialización.

Al principio, lo más fácil de controlar es el lenguaje verbal que sueles utilizar. En la programación neurolingüística (PNL) se explica muy bien y se trabaja mucho sobre la forma de expresarnos. Es crucial que controles lo que dices, las palabras que uses.

Existe un ejercicio muy sencillo, pero a su vez es muy difícil de lograr. Se trata de estar veinticuatro horas sin quejarte. Te parecerá una tontería, pero cuando lo realices, te darás cuenta de cuántas veces te quejas al día. Quizás para este ejercicio necesites ayuda de alguien para que te recuerde cuándo te estás quejando, porque la mayoría de las veces ni te darás cuenta, ya que estás tan habituado a expresarte así que no eres ni siquiera consciente.

El ejercicio lo realizarás correctamente cuando logres estar veinticuatro horas seguidas sin quejarte, es decir, si durante esas veinticuatro horas te has quejado, deberás volver a empezar, deberás reiniciar el reloj.

Otra forma de ser consciente de la forma en la que te expresas es grabarte a ti mismo hablando, especialmente cuando no estás pendiente de que te estás grabando. Así podrás oír después esas grabaciones y analizarte a ti mismo, dándote cuenta de dónde están los errores al hablar. Observarte a ti mismo desde afuera, objetivamente. Sé sincero contigo mismo, no te avergüences ni te niegues tus errores, la única forma de corregirlos es ser conscientes de ellos. No pasa nada por cometer errores, estamos aprendiendo. El problema no es cometer errores, el problema es no querer reconocerlos o no querer corregirlos.

El amor y el miedo

Todas las emociones derivan de dos emociones básicas y contrarias entre ellas: el amor y el miedo. El resto de las emociones se deriva de una de estas dos.

Siempre se ha creído que el odio es lo contrario al amor, pero no es así. Lo contrario al amor es el miedo. El miedo nunca te llevará a la paz y a la felicidad. Ante cualquier situación que se te presente, siempre puedes elegir verla y reaccionar desde el amor o desde el miedo. El miedo está regido por el ego.

Yo veo al ego como a un huésped que nosotros mismos hemos fabricado y al que hemos dado las riendas y el control de nuestra mente. Confiamos en él porque actúa como si lo supiera todo; sin embargo, no es así, el ego no sabe nada y lo único que tiene es miedo. Tiene miedo a desaparecer, ya que es un invitado, una fabricación nuestra. Somos nosotros los que tenemos el poder sobre él, y no al contrario, pero no lo recordamos porque llevamos toda nuestra vida dejándonos guiar por él. Cuando digo que no sabe nada, me refiero a que no conoce la verdad. Solo hace interpretaciones de lo que percibe y te da consejos erróneos basados en una mala interpretación. Por tanto, es un mal maestro. De ahí que si llevas toda tu vida pasando por las mismas situaciones es porque no has aprendido la verdadera lección, y la vida es tan sabia y buena maestra que te repite la lección una y otra vez hasta que la aprendas. ¿Y por qué no has aprendido la verdadera lección? Porque te has dejado llevar por lo que el ego te decía que debías aprender. El ego ha interpretado mal el mensaje y ha hecho un mal aprendizaje.

Recuerda el ejemplo de la mujer maltratada. Puede pensar que tiene mala suerte y siempre conoce a hombres que la maltratan, o que todos los hombres son iguales. Se ha dejado llevar por el ego y no ha aprendido la verdadera lección. La verdadera lección es que no se valora, es que cree que las relaciones de pareja son así. La verdadera lección es que no se ama a sí misma. Por lo tanto, mientras siga sin amarse, sin valorarse y sin respetarse, seguirá atrayendo a ese mismo tipo de hombres. Porque no es cierto que todos los hombres son iguales, solo que esa es la realidad en la que ella vive, porque es lo que proyecta y, por consiguiente, lo que atrae.

Es natural que el ego trate de protegerse a sí mismo una vez que lo inventaste, pero no es natural que desees obedecer sus leyes, a menos que tú creas en ellas. El ego no puede tomar esta decisión

*debido a la naturaleza de su origen. Pero tú puedes tomarla debido
a la naturaleza del tuyo.*

Un curso de milagros

Por lo tanto, lo más importante de todo es que te ames, te valores, te respetes, te aceptes, te dediques tiempo, te cuides, te mimes… Porque recuerda que tu ego es una fabricación tuya, no eres tú. Tú eres amor, eres luz, eres divinidad. Tú tienes el poder de crear. Tú eres perfecto.

Si realmente quieres aprender la verdadera lección de las experiencias que estás viviendo, tienes que preguntarte «¿para qué?». Todo el mundo se pregunta «¿por qué?». Ese es el error, la pregunta es «¿para qué?». Por ejemplo: «¿Para qué atraigo personas que me maltratan?». Posible respuesta: «Para que aprendas cómo tú te maltratas a ti mismo». Entonces, una vez aprendida la verdadera lección, la próxima vez que llegue a tu vida una persona maltratadora la verás venir, la identificarás y no la dejarás entrar a tu vida. Cuando demuestres que has aprendido esa lección, simplemente dejarán de llegar a tu vida personas maltratadoras y tendrás relaciones más sanas.

Cuando algún suceso es muy doloroso y no te ves capaz de superarlo, aun después de haber intentado todas las terapias, te aconsejo algo mucho más fácil: entrégaselo al universo, a tu yo superior, a la fuente divina, al Espíritu Santo, a Dios… Usa la creencia con la que te sientas más cómodo, no es importante cómo lo llames, todo es energía. Lo importante es la vibración que emites con ese pensamiento.

Quiero hacer hincapié en que no hablo de religiones, solo de creencias, de energías, a pesar de que use nombres catalogados por la sociedad como pertenecientes a la religión. No es esa la definición que pretendo darle, solo son nombres comunes que todos conocemos para entender que se trata de una energía poderosa.

Te pondré un ejemplo de un ejercicio que propone *Un curso de milagros*. Puedes hacer una meditación antes de dormir en la que visualices ese problema, ese dolor, esa memoria dolorosa. Imagina metiéndolo en una cajita, entrégasela al Espíritu Santo y le dices: «Espíritu Santo, te entrego este error/memoria dolorosa/rencor… para que Tú lo corrijas y lo expíes, ya que yo no sé cómo liberarlo y sanarlo».

Según *Un curso de milagros*, todo lo que no está creado desde el amor es un error que se puede subsanar a través de la expiación. La expiación no está en nuestras manos, está en manos del Espíritu Santo, solo debemos pedírselo y darle permiso de que lo haga, ya que sin nuestro permiso no puede intervenir, pues se debe respetar el libre albedrío. La expiación es para deshacer y corregir el error y subsanar todos los posibles futuros desequilibrados creados a partir de ese error, y así poder modificar a otros posibles futuros más equilibrados y que nos lleven a nuestra felicidad.

Visualiza entregando esa cajita. Termina siempre agradeciendo y haciendo saber que está hecho. Es decir, di por ejemplo: «Gracias. Hecho está, así ya es».

Te repito la frase: «Espíritu Santo, te entrego estos pensamientos erróneos de… para que Tú los corrijas y los expíes, ya que yo no sé cómo liberarlos y sanarlos. Gracias, gracias, gracias, porque así es, hecho está».

Ten la sensación y visualización de que salen de tu cuerpo ciertas energías, o bichitos, o lo que te venga a la mente en ese momento. Imagina que es todo eso de lo que te quieres liberar, son esas memorias erróneas codificadas en tus células que se están alejando, que te están abandonando porque ya no te sirven y se están metiendo en esa cajita que vas a entregar. Verás como te vas a sentir más aliviado. Luego simplemente déjate dormir con la tranquilidad y confianza de que así es. A la mañana siguiente te sentirás mucho mejor, notarás cambios positivos en ti.

El miedo es siempre un signo de tensión que surge cuando hay conflicto entre lo que deseas y lo que haces. El primer paso para deshacer el error es darse cuenta, antes que nada, de que todo conflicto es siempre una expresión de miedo. Todo el mundo experimenta miedo. Sin embargo, no se requeriría más que una pequeña dosis de «recto pensar»[5] para que uno pudiese darse cuenta de por qué se produce. Son muy pocos los que aprecian el verdadero poder de la mente, y nadie permanece totalmente consciente de él todo el tiempo. No obstante, si esperas librarte del miedo hay algunas cosas que debes comprender, y comprender plenamente. La mente es muy poderosa y jamás pierde su fuerza creativa. Nunca duerme. Está creando continuamente. Es difícil reconocer la oleada de poder que resulta de la combinación de pensamiento y creencia, la cual puede, literalmente, mover montañas. A primera vista parece arrogante creer que posees tal poder, mas no es esa la verdadera razón de que no lo creas. Prefieres creer que tus pensamientos no pueden ejercer ninguna influencia real porque de hecho tienes miedo de ellos. Eso puede mitigar la conciencia de culpabilidad, pero a costa de percibir a la mente como impotente. Si crees que lo que piensas

---

[5] «El término "mentalidad recta" se debe entender como aquello que corrige la "mentalidad errada", y se refiere al estado mental que induce a una percepción fidedigna. La percepción siempre entraña algún uso inadecuado de la mente, puesto que la lleva a áreas de incertidumbre» (*Un curso de milagros*).

no tiene ningún efecto, puede que dejes de tenerle miedo, pero es bastante improbable que le tengas respeto. No hay pensamientos fútiles. Todo pensamiento produce forma en algún nivel.

Un curso de milagros

Esto viene a decir lo que se dice siempre: el poder de la mente. La mente está creando siempre, seas consciente o no. Se dice que tenemos unos sesenta mil pensamientos al día. Pregúntate: ¿cuántos de esos pensamientos son positivos? Muy muy pocos. Así que si estamos creando continuamente y la mayoría de nuestros pensamientos son negativos, podrás darte cuenta del futuro tan negativo que te estás creando. Comprenderás la importancia de cambiar esos pensamientos, ¿verdad? Cada segundo estás creando un posible futuro, todo dependerá de lo que pienses, de lo que sientas y de cómo actúes. De ahí que existan infinitas posibilidades de futuro y que cada pensamiento, sentimiento y acto tenga consecuencias.

La física cuántica y este texto de *Un curso de milagros* explican que nuestros pensamientos son energías que luego se materializan en cualquier nivel, lugar, espacio, tiempo… Esto quiere decir (Carl Jung lo explicó muy bien en una de sus muchas conferencias) que si vives en Argentina, por ejemplo, la materialización de tus pensamientos se puede estar dando en España. Te pongo un ejemplo. Piensas en lo mal que está el mundo y la cantidad de violaciones que hay… Imagina que en España existe un hombre que desea mucho a una mujer y no sabe cómo poseerla. Su pensamiento hace que se materialice ese hecho y quizás ese hombre decida no tomar acción, pero la vibración de ese deseo viaja y, como resultado, se produce una violación en otra parte del mundo. La ley de causa y efecto existe, lo creas o no. Al estar todos conectados, tus pensamientos no solo te afectan a ti directamente, afecta a todo. Pero no puedes controlar a quién va a afectar. Y por la misma ley de atracción, esas hondas energéticas volverán a ti. La energía funciona igual que el agua. Si buceas en el agua, tus movimientos producen hondas, y esas hondas viajan hasta encontrar un objeto con el que chocan y entonces vuelven de regreso a ti. Todo está en vibración y en movimiento, nada es estático, aunque no seamos capaces de apreciarlo. Por todo esto, espero que ahora entiendas un poco mejor esas preguntas que nos hacemos todos de por qué pasan tantas injusticias en el mundo, por qué hay gente pasándolo tan mal… Nosotros, todos, somos responsables de lo que pasa en el mundo. De ahí lo que dice el libro *Un curso de milagros*. Nos resulta más cómodo pensar que no tenemos esa capacidad de crear, que no somos tan poderosos, porque entonces se produciría un sentimiento de culpabilidad.

Pero no se trata de sentirse culpable, para nada; esa es una energía de muy baja vibración y lo único que hace es empeorar las cosas y provocarnos un malestar. Se trata de ser responsables, que es muy distinto. Al hacerte responsable, sin sentirte culpable, puedes aportar tu granito de arena desde una vibración de amor. ¿Te imaginas si todos dejáramos de emitir pensamientos negativos? ¿Te imaginas qué clase de mundo crearíamos? ¿Cómo cambiaría nuestra realidad?

Si quieres cambiar el mundo, cámbiate a ti mismo.

Mahatma Gandhi

Por eso, en cualquier terapia que uses se habla de que te centres en ti, en ser feliz, en mejorar tu vida, porque se necesita que todos lo hagamos para poder cambiar el mundo. Espero que ahora le encuentres más sentido a algunas frases que se dicen, como: «Si quieres cambiar tu país, empieza por ti» o «Si quieres cambiar la educación, empieza en casa». *Un curso de milagros* trata de decir que lo único que necesitamos es aprender a amar incondicionalmente: «No juzgues a nadie por lo que haya hecho, porque te estarás juzgando a ti mismo, ya que todos somos uno». Todos hemos contribuido de alguna forma a que esa persona actúe de esa manera y, además, esas hondas de juicios estarán en movimiento constante y creando realidades, y volviendo a ti.

Juzgar lo hace el ego, y lo hace desde la ignorancia. No conocemos la verdad, solo percibimos lo que el ego quiere ver y por eso juzgamos lo que está bien o lo que está mal, quién es bueno y quién es malo. Pero el verdadero sabio sabe que no sabe nada, como ya decía Sócrates: «Solo sé que no sé nada».

Nos creemos separados porque nuestros sentidos no perciben más que una tercera dimensión, una parte de energía la hemos concentrado y materializado en cuerpo, creyéndonos así separados, pero nada más lejos de la realidad.

Existen varias formas de explicar esto de una manera comprensible para nuestro entendimiento, una de ellas es que somos una gota del mar. El mar es el todo, cada gota de agua que lo compone somos nosotros. A mí me gusta compararlo con el cuerpo humano. Cada célula que lo compone somos nosotros, y el cuerpo humano completo es el todo. Todos somos distintos, pero pertenecemos a un todo, venimos del mismo sitio y somos lo mismo, partes del cuerpo humano, aunque cada uno tiene una función y todos somos necesarios. Si una sola de nuestras células se enferma o se daña y no se repara, esta célula contagiará a las que están a su alrededor. Imagina que comienza en un dedo de la mano, llega un momento en el que ese dedo se gangrena y habría que amputarlo; si no lo amputamos, el cuerpo entero moriría. ¿Desearías tener que amputar un dedo de tu cuerpo? ¿Odiarías a esa célula enferma o tratarías de sanarla? ¿No sería mejor reparar las células dañadas incluso antes de que el dedo se gangrene? Eso ocurre con el resto de seres, odiar a un semejante por «estar insano» es odiarte a ti mismo. Pero es más fácil para el ego creerte separado y que no tienes nada que ver con ese semejante.

La capacidad de percibir hizo que el cuerpo fuese posible, ya que tienes que percibir algo y percibirlo con algo. Por eso es por lo que la percepción siempre entraña un intercambio o interpretación que el conocimiento no requiere.

Un curso de milagros

Parece ser que provenimos de una fuente energética en expansión, algo parecido a las olas del mar, cada ola es una dimensión, y, por lo tanto, existimos en varias dimensiones. Esta realidad que percibimos es la tercera dimensión.

¿Has oído hablar del yo superior? Parece ser que este yo superior somos nosotros mismos en otra dimensión más alta, como si ese yo superior nos estuviera mirando desde un edificio alto. Imagina que estamos en un laberinto y no somos capaces de ver la salida porque estamos abajo, pero nuestro yo superior está en un edificio muy alto y es capaz de ver todo el laberinto y saber dónde está la salida, conoce el camino correcto porque lo está viendo claramente. Si le pedimos ayuda a él, nos guiará hacia la salida. Pero debemos relajarnos y escucharlo desde dentro, y para ello debemos acallar la voz del ego, que es ese que cree saberlo todo, pero que no sabe nada, ya que está abajo con nosotros.

Algunas teorías hablan de que los ángeles somos nosotros mismos en una dimensión muy cercana a la fuente, pero eso es algo que no se puede demostrar aún. No se sabe muy bien quiénes son, pero existen muchas manifestaciones de que están con nosotros. Yo personalmente creo en ellos, me guían constantemente y me siento muy reconfortada. Si no crees en ellos, puedes pedirles una demostración, ellos sabrán cómo demostrarte que están ahí. Eso sí, no pidas un imposible. Con imposible me refiero a algo que pudiera perjudicarte a ti o a otros, como por ejemplo: «Pues si existen, que aparezca en mi mano un fajo de billetes». Extiendes la mano esperando que eso ocurra y, lógicamente, no ocurrirá; pero puedes ver más tarde un anuncio en la tele, en el móvil o en un cartel con una foto de una mano extendida con un fajo de billetes, por ejemplo. Por otro lado, puedes pensar: «¿Cómo va a perjudicarme un fajo de billetes?». Ese hecho traerá consecuencias, tú las desconoces, pero esas consecuencias cambiarían tu vida, y quizás de forma negativa. De ahí que te muestren una mano extendida con un fajo de billetes, pero no aparezcan en tu mano. Ellos saben perfectamente lo que más te conviene y nunca harán nada que te perjudique a ti o a otros. Aun así, esto es un ejemplo tonto, lo que trato de explicarte es que si quieres comprobar su existencia debes pedírselo, y ellos sabrán cómo darte la señal adecuada para ti.

Te cuento una experiencia que tuve con ellos hace muchos años. Yo me había comprado un libro, porque llevaban un tiempo mandándome señales para que les prestara atención. Había oído hablar de ellos por la religión católica, lo que se cuenta del ángel de la guarda y demás, pero no era algo que estuviera en mi pensamiento ni en mi vida; sin embargo, se ve que ellos querían que indagara y tomara conciencia de su existencia. El libro que me compré era *Los ángeles pueden cambiar tu vida*, de David G. Walker.

Por aquel entonces, estaba trabajando en una urbanización privada como socorrista de la piscina; lógicamente, puedes imaginar que era verano. Durante todo el verano éramos dos los que trabajábamos al mismo tiempo (querían dos socorristas). La piscina se cerraba en la segunda quincena de septiembre, que era cuando ya todos los inquilinos terminaban sus vacaciones y la urbanización quedaba prácticamente desierta, así que se cerraba la piscina; también porque ya hacía frío y no era temporada de baño. En la primera quincena de septiembre, aún quedaban algunos inquilinos, pero no suficientes como para necesitar dos socorristas, solo necesitaban uno, y se quedaron conmigo.

Estaba llegando ya el final de la temporada y la piscina estaba muy desierta, apenas bajaban unos niños a ratos, así que me aburría y me llevé mi libro. Lo saqué en un momento en el que no había nadie en la piscina, que estaba al aire libre, rodeada de un gran jardín precioso y espacio con césped para las tumbonas. Me sumergí en el libro, y en ese momento sentí la presencia de dos seres detrás de mí, uno a cada lado. No sentí ningún tipo de temor, sabía perfectamente que eran ellos. Noté cómo colocaban una de sus manos en cada uno de mis hombros y entonces fue como si me transportaran a otro espacio u otra dimensión, pero sin moverme del sitio. Lo que sentí fue indescriptible, no existen palabras para narrarlo. Sentí una paz y un amor jamás experimentados. No sé cuánto duró, porque era como si el tiempo se hubiera parado. Me parecieron segundos. Supe que me estaban mostrando la paz y el amor que se sienten cuando abandonas este plano, esta dimensión, esta realidad, llámalo como quieras. He oído hablar de otras personas que han sentido lo mismo, especialmente aquellas que han tenido experiencias cercanas a la muerte. La mayoría de estas personas cuentan que durante esa experiencia estaban tan «bien» que no querían volver y que una vez regresaron, dejaron de temer a la muerte y sus vidas cambiaron por completo. Yo las entiendo, porque he experimentado algo muy parecido y os aseguro que es maravilloso. Os invito a que interactuéis con ellos, a que los conozcáis, a que abráis vuestra mente y vuestro corazón.

En este mismo libro se explica también que ese ángel guardián existe, que te acompaña desde tu nacimiento hasta tu «muerte», guiándote y protegiéndote. Y si lo deseas, puedes conocer su nombre. El libro te explica cómo hacerlo. Yo seguí las instrucciones y, efectivamente, obtuve sus nombres; hablo en plural porque, para mi sorpresa, oí dos voces y dos nombres. Según parece, no solo nos acompaña un ángel, nos acompañan dos o más, según la necesidad, el momento... Tenemos como mínimo dos ángeles de la guarda, cada uno se encarga de una misión. Además de estos ángeles guardianes, que siempre están con nosotros, también pueden aparecer a lo largo de nuestra vida y por tiempos limitados otros ángeles, arcángeles y otros seres de luz que no conocemos (existe un mundo de seres que no percibimos ni conocemos, pero están ahí e interactúan con nosotros, ya que existen en otras dimensiones) para ayudarnos en un momento determinado en el que los necesitemos. Pero eso sí, debes darles permiso para que intervengan, ya que deben respetar, ante todo, el libre albedrío. Solo intervienen sin que se lo pidas en un momento crucial en que tu vida corra peligro y aún no sea momento de que abandones este plano. Por lo demás, no pueden hacer mucho más sin tu permiso, más que mostrarte señales para guiarte o para que les prestes atención y sepas que están ahí para ayudarte. Además, esa es su misión de vida, ayudarte, y necesitan que tú les pidas. De esa manera, les estás ayudando a ellos también a lograr su propósito de vida y se produce un intercambio de «favores».

Te voy a contar otra experiencia que tuve, en la que sé que ellos intervinieron para salvarme la vida. Después de trabajar en la piscina como socorrista, busqué otro trabajo como ayudante de jinete en una finca. Esta finca estaba situada muy lejos de mi lugar de residencia. Yo vivía en aquel momento en un pueblo llamado Minas de Tharsis (Huelva) y la finca estaba en San Juan del Puerto (Huelva), a unos 55 km de distancia. El acceso por carretera a Tharsis era largo, lleno de curvas, desniveles y animales que podían cruzarse. Tenía que conducir bastante todos los días para ir y luego para regresar. Un día, al terminar mi jornada de trabajo, me subí en mi coche y este no arrancaba. Mi compañero de trabajo vino a ayudarme, pero no conseguimos nada, así que no tuve más remedio que llamar a la grúa. Esta me iba a dejar el coche en mi taller de confianza, en la ciudad de Huelva, pero entonces me quedaba sin vehículo para volver a mi casa en Tharsis. Llamé a la persona que en aquel momento era mi pareja y con la que convivía; gracias a Dios teníamos dos coches. Le conté lo que me pasaba y acordamos que él me recogía directamente en el taller. Así que yo me quedé esperando a la grúa. Cuando esta llegó, el conductor, que también era mecánico, intentó primero ver qué le pasaba por si podía solucionarlo antes de tener que llevarse el coche. Le colocó las pinzas a la batería y el coche arrancó sin ningún tipo de problema. Mi compañero y yo nos miramos muy sorprendidos, ya que habíamos intentado de todo para arrancarlo y no pudimos, pero llega el de la grúa y lo consigue en cinco minutos. Parecía que hubiese llamado a la grúa sin motivos. Me sentí un poco avergonzada, porque incluso el gruista estaba sorprendido por la estupidez de llamar a la grúa por una cosa tan simple, al coche no le pasaba nada.

Bueno, le di las gracias y entonces recordé que mi pareja vendría hasta Huelva sin necesidad, ya que el coche funcionaba y podía regresar yo sola a casa (Tharsis). Pero cuando saqué mi móvil para llamarlo, mi móvil estaba apagado, sorprendentemente, puesto que tenía batería. No conseguía encenderlo. Mi compañero me ofreció su móvil para llamar a mi pareja, pero no me sabía el número de memoria (ya sabes, con esto de las tecnologías, ya no marcamos los números y no los memorizamos, y tampoco tenía costumbre de anotarlos en alguna agenda como se hacía antiguamente). Así que me vi en la obligación de ir hasta el taller, en Huelva, para encontrarme con mi pareja; no iba a dejarlo solo allí esperándome.

Cuando estaba llegando al taller, la carretera tenía una curva de 90°. Al girar el volante, algo se rompió en el coche y perdí el control. Afortunadamente, iba muy despacito y no me ocurrió nada. Por «suerte», estaba muy cerca del taller y pudimos remolcarlo. No recuerdo qué fue lo que se rompió, hace muchos años ya de esto y no soy mecánica, creo que algo relacionado con el eje. Pero lo importante de todo esto no era eso, sino la sincronicidad de cada suceso para obligarme a llevar el coche a un taller. Si el coche me hubiera arrancado sin problemas, si mi móvil hubiese funcionado o si me hubiese sabido de memoria el número de teléfono de mi pareja, me habría ido a casa en un coche que me iba a dejar sin dirección en cualquier momento, por una carretera llena de montañas y curvas, y a una velocidad suficiente como para haber tenido un accidente grave.

En el momento en el que se me fue la dirección llegando al taller y perdí el control sobre el coche, supe que mis ángeles me habían guiado hasta el taller, habían provocado todos los sucesos necesarios para que no me fuera a casa en ese coche y para que se me rompiera la dirección cuando conducía a unos 20 km/h y a unos diez metros de distancia del taller. ¡¡¡Me habían salvado la vida!!! Durante todo el proceso me enfadé y me sentí fastidiada, primero por el hecho de que se me estropeara el coche, después por no tener batería en el móvil y luego por perder tiempo (cuando acababa mi jornada de trabajo estaba deseando llegar a casa y descansar) y dinero en gasolina. Creía que era mala suerte y estaba enfadada. Sin embargo, luego pude comprender que todo había ocurrido así para mi mayor bien, que había juzgado mal y que todas y cada una de nuestras experiencias tienen un significado, aunque en el momento no lo comprendamos.

Alguien podría pensar que fueron casualidades; sin embargo, puedo decir que las casualidades no existen. Todo tiene un propósito y una razón de ser.

El psiquiatra suizo Carl Jung acuñó el término de sincronicidad, refiriéndose a «la simultaneidad de dos sucesos vinculados por el sentido, pero de manera no causal», como la unión de los acontecimientos interiores y exteriores de un modo que no se puede explicar, pero que tiene cierto sentido para la persona que lo observa. Él decía: «No existe la casualidad, y lo que se nos presenta como azar surge de las fuentes más profundas».

Al igual que Carl Jung, Wolfgang Pauli, premio nobel de física, pensaba que la sincronicidad era una de las expresiones que caracterizaban al «unus mundus»[6], una realidad unificada de la que emerge y regresa todo lo existente. Coincidiendo esta concepción con la teoría de la totalidad y el orden implicado de la mecánica cuántica del físico estadounidense David Bohm.

Una experiencia sincrónica suele venir a nuestras vidas cuando menos lo esperamos, pero en el momento exacto, cambiando en ocasiones la dirección de nuestro camino e influyendo en nuestros pensamientos. Pero para ello, tenemos que estar receptivos y atentos al mundo que nos rodea, creando la apertura a esa posibilidad de sincronicidad.

Texto sacado de *La mente es maravillosa*, revista sobre psicología, filosofía y reflexiones sobre la vida

---

[6] En latín, 'un mundo o un solo mundo'. Es un término que se refiere al concepto de una realidad subyacente unificada, a partir de la cual todo emerge y a la cual todo retorna.

Capítulo 4

Misión de vida

Imagino que habrás oído hablar sobre este concepto. Parece ser que tenemos dos misiones de vida, una a nivel individual y otra a nivel colectivo.

Misión de vida a nivel individual

Como te expliqué antes, poseer cosas o hacer actividades guiados por los demás te dará una felicidad momentánea, pero lo que nunca suele cambiar es la felicidad que te dará realizar aquella actividad que te apasione. Y eso es algo con lo que naces. La distingues porque te apasionaba desde pequeño o porque mientras estás realizando esa actividad el tiempo pasa volando, apenas te cansas, no te acuerdas de otras cosas… Busca esa pasión que tienes y dedícale más tiempo, enfócate más en eso, porque eso es lo que has venido a hacer y no serás feliz hasta que compartas con el mundo tus dones. No importa lo que te hicieran creer de pequeño respecto a ese don. Quizás te hicieron creer que eso era una tontería o, si fallaste alguna vez ejerciéndolo, que no eras bueno.

Albert Einstein no comenzó a hablar hasta la edad de tres años. La gente pensaba que era tonto o que tenía alguna deficiencia, pero su madre siempre respondía: «Dejadle, tiene tiempo para hablar, ya aprenderá». No era buen estudiante de idiomas, pero sí excelente en ciencias.

Gandhi era un joven retraído, silencioso y nada brillante en los estudios. Como las calificaciones de Gandhi no mejoraban, su familia decidió en el año 1888 enviarlo a Londres para que se licenciara en Derecho. Como puedes comprobar, no se hizo famoso por la carrera que estudió.

Valentina Teréshkova fue la primera mujer en viajar al espacio. Nadie pudo imaginarlo nunca, ya que su infancia no la conducía a tal hazaña; fue ella, por su pasión y constancia, la que lo logró. Era de una familia de campesinos y al morir su padre, su vida fue aún más dura. Pero ella luchó por su pasión.

Estos son solo algunos ejemplos de los muchos ilustres e iluminados que de pequeños pasaron por experiencias muy duras y a quienes los adultos les intentaron hacer creer que no valían o que no podían. Por fortuna, ellos no se rindieron, y a pesar de tener al mundo en contra, siguieron sus sueños, creyeron en sí mismos y no sucumbieron ante los demás. Más tarde, el mundo se rindió a sus pies.

Pero recuerda una cosa, nadie nace sabiendo, y aunque tengas un don, tienes que aprender y practicar para perfeccionar. Aprenderás más rápido que cualquier otra persona que intenta hacer eso mismo sin que sea su misión de vida, pero aun así, necesitas aprender y practicar. Y, por supuesto, no compararte con nadie. Por ejemplo, si te gusta la música, no te compares con otros músicos de la misma categoría, pues cada uno tiene algo especial y no todos conectan con todas las personas, tú tendrás tus propios seguidores y otros músicos tendrán otros seguidores distintos. Esto no es una competición. Se trata de dar lo mejor de ti, y ya lo recibirán las personas adecuadas.

Cuando te decidas a hacerlo, verás cómo las puertas se te van abriendo y se te facilitan las cosas. Es por esto por lo que en muchas ocasiones solo encontramos obstáculos, porque no estamos en el camino correcto. No quiero decir con esto que una vez descubras cuál es tu pasión todo será color de rosa. Seguramente, tu familia y tus seres queridos se opongan, te digan que eso no te dará dinero —y puede que no te lo dé, pero sí te llegará de otra forma para que te despreocupes del dinero y puedas enfocarte en esa pasión y compartirla con los demás—, o puede que te encuentres otros obstáculos externos, pero eso no significa que debas dejarlo, sino que no es por ahí, que sigas buscando otro camino.

Te pongo un ejemplo. Quieres ser actor de cine, así que te presentas a un *casting*, pero no te cogen. Eso no quiere decir que seas mal actor, sino que esa película no es la adecuada para ti, ya llegará otra oportunidad, o quizás eres más valioso en los teatros, o en las series… ¿Entiendes? Tu vocación es ser actor, pero no has definido bien dónde, o quizás sí, pero tienes aún alguna creencia subconsciente que te dice que no lo vas a conseguir. Por eso debes estar muy atento, conocerte muy bien, no aferrarte a ningún resultado y preguntarte constantemente para qué.

Si en esas preguntas descubres que se trataba de una creencia limitante, como que no te crees capaz, que no eres merecedor o no lo crees posible, ya sabes lo que tienes que hacer. En cuanto liberes esa/s creencia/s, todo irá rodado. Pero si descubres que no estaba bien definido tu objetivo, ya sabes también lo que tienes que hacer: cambiar de rumbo, pero no de objetivo.

Quizás pienses que no puedes conseguir hacer aquello que deseas porque eres muy pobre, muy mayor, muy joven o qué sé yo lo que te dirá tu ego. Te aseguro que son creencias limitantes, en cuanto te decidas a dar un paso hacia eso que te gusta, verás milagros a tu alrededor. Existen muchas formas de hacer lo que te apasiona, porque si eso es lo que has venido a hacer, te aseguro que el universo te va a apoyar, sean cuales sean tus circunstancias. No debes compararte con nadie, cada cual lo consigue de una forma. Ve paso a paso. Solo enfócate en tu sueño, no en cómo conseguirlo, el cómo se te irá revelando paso a paso.

Usando el ejemplo de quien quiere ser actor, quizás el primer paso sea apuntarte a un grupo de teatro de la escuela de tu hijo. Ahí conectas muy bien con el profesor, este ve tu talento y te sugiere que te apuntes a un curso que hay en tal sitio. De ahí hacéis una obra de teatro y vais a todas las asociaciones a actuar, puede que la televisión local os grabe y un cazatalentos os vea, le guste y quiera llevarlo a otra televisión regional. Y yo qué sé… Existe infinidad de posibilidades, tantas que no puedes llegar a imaginarlas, por eso no seas tú el que decida el cómo, eso déjaselo al universo. Tú déjate guiar por tu intuición, si algo dentro de ti te dice que es por ese camino, ve por ese camino, independientemente de lo que te diga tu mente, y si tu intuición te dice que por ese camino no es, igualmente hazle caso. Enfócate en divertirte y en disfrutar, en dar lo mejor de ti y en soñar. No te preocupes, solo disfruta. No limites tus sueños pensando que no es posible, sueña en grande. Visualízate ya viviendo la vida que deseas. Te aseguro que lo que tu alma desea es lo que has venido a hacer. Ahora bien, debes distinguir lo que desea tu alma de lo que desea tu ego. Tu ego está regido por lo aprendido de los demás, por la sociedad, y te hará creer que deseas lo que los demás desean (coche, casa, móvil, etc.). Que no digo que no debas desear una vida abundante, pero no es eso lo que traerá la felicidad.

Piénsalo bien, ¿cuántas veces has pensado que cuando obtengas algo serás feliz y luego, al obtenerlo, has sido feliz por muy breve periodo de tiempo? Por ejemplo, piensas que no eres feliz porque tu casa necesita obras, y cuando por fin consigues hacerlas, tu felicidad dura uno o dos meses. Luego te das cuenta de que no es suficiente, que te hacen falta muebles nuevos. Los compras y lo mismo, tu felicidad es temporal. Más adelante no eres feliz porque necesitas otro televisor en la habitación, así que te lo compras, pero a los dos meses tu felicidad se ve supeditada a tener un nuevo ordenador. Este es el cuento de nunca acabar. O quizás te han inculcado la idea de que para ser feliz necesitas estabilidad, así que te preparas unas oposiciones para ser funcionario, y cuando llevas unos años trabajando de funcionario, te das cuenta de que no eres feliz, no te sientes realizado, te sientes atrapado, etc.

La felicidad de tu alma es constante y duradera. Por ejemplo, ser actor, eso es algo que te complace constantemente. O quizás te haga feliz ayudar a los animales y construyes un refugio, o puede que te haga feliz bailar y te haces profesor de baile… Lo que te hace feliz es lo que eres, no lo que tienes. Lo que tienes te facilita la vida, pero no te da la felicidad. Por eso has de consagrarte a ti, has de invertir en ti, y lo demás vendrá solo.

En la comparación del cuerpo humano y que cada uno de nosotros somos una célula que lo compone, comprenderás que cada una de nuestras células tiene una función. Por ejemplo, una célula que compone un hígado —junto con otras células que también tienen esa función—. Si esa célula no quiere ser parte del hígado, este órgano no funcionaría correctamente y, por otro lado, cualquier otra función que intente realizar esa célula no la hará correctamente. Esa célula no podrá ser un corazón, por ejemplo, puesto que no tiene los conocimientos ni la composición necesarios para realizar esa función.

No se trata de hacerte famoso, no existen funciones más importantes o más grandes que otras. Cada granito de arena que se aporta es igual de importante para el todo. Todos los granitos de arena son necesarios e irremplazables.

Solo tienes que enfocarte en tu propia felicidad. Cuando seas feliz con lo que haces, estarás realizando tu misión de vida, independientemente de cuántas personas se benefician de tu don. Una flor ofrece su aroma independientemente de cuántas personas la huelan, ella no escoge a quién ofrecer su aroma y a quién no, solo hace lo que sabe hacer. También ofrece su polen para que las abejas lo tomen, pero no decide qué abejas lo harán ni cuántas vendrán, ella solo ofrece lo que tiene.

Misión de vida a nivel colectivo

Es la misión que tenemos todos. Es despertar. Es recordar quiénes somos. Es amar incondicionalmente.

Somos amor, somos seres de luz, somos divinidad, somos poderosos…, pero no lo recordamos.

Lo más importante es amarnos y amar. Y expandir ese amor a todo lo que nos rodea.

Algunos están más despiertos que otros, pero eso no significa que sean superiores o inferiores. Todos somos iguales y estamos hechos de la misma energía. No debes ver a otros como más malos o más buenos, como superiores o inferiores, solo como más o menos inconscientes, despiertos.

Si somos creadores y estamos creando esta realidad, la única forma de cambiarla a nivel colectivo es que todos seamos conscientes de este hecho. Volviendo a la comparativa del cuerpo humano, para que el cuerpo pueda levantarse de la cama después de una noche de sueño, deben despertarse todas y cada una de las células, ¿verdad? No basta con que se despierte el cerebro o una mano, es el conjunto de todo lo que compone el cuerpo lo que se tiene que despertar para poder funcionar.

El hecho de que pienses que es imposible que todos despertemos no debe frenarte en el intento de aportar tu granito de arena. Es cierto que aún estamos lejos de ese tiempo, pero llegará. Bastaría con que el 51 % de nosotros despertara para que esa energía se expandiera de tal forma que fuese más fuerte que las energías de baja vibración. La energía ni se crea ni se destruye. Por lo tanto, cada energía de alta vibración que generan los que están despertando afectará en el espacio y en el tiempo. No intentes racionalizar cómo ocurrirá ni cómo puede afectar al futuro tu granito de arena de este espacio y este tiempo, recuerda que no conocemos la verdad. Somos como niños que solo saben sumar y quieren comprender una raíz cuadrada.

Abre tu mente e intenta entender que en esta realidad hay mucho más de lo que alcanzas a ver y comprender. El hecho de que no conozcas algo no significa que no exista. Por ejemplo, el hecho de que no conozcas otras galaxias no significa que no existan. Los átomos existen aunque no los veamos, pero sí percibimos sus efectos. Y el hecho de creernos los únicos seres inteligentes en todo el universo no significa que sea verdad. Hay personas que tachan de locos a aquellos que creen en la vida extraterrestre, pero opino que los verdaderos «locos» son aquellos que se creen en posesión de la verdad y que creen saberlo todo. Igual que el hecho de que creas que no tienes poder para crear no significa que no estés creando continuamente, solo que lo que estás creando lo estás haciendo con el subconsciente.

Conclusión

No sé si este libro te habrá ayudado o no, espero que al menos te haga pensar, analizar la vida de otra manera, dudar de todo lo que creías saber. Sobre todo, espero que no te quedes aquí, que sigas buscando tus respuestas y que, por fin, decidas hacer cambios en tu vida con la intención de mejorarla.

De momento, creo que es mejor llegar hasta aquí. Cuando estés preparado, llegará a ti más información y conocimientos para que puedas hacer raíces cuadradas, pero de momento debes dominar primero las sumas, restas, multiplicaciones y divisiones. Ya entiendes lo que quiero decir, ¿verdad?

Antes de concluir y despedirme, quiero que recuerdes lo más importante de este libro: controla tus pensamientos, emociones, palabras y actos. Deja de quejarte, deja de criticar, deja de maldecir, deja de recrear en tu mente posibles futuros negativos. Aquí en España tenemos una expresión coloquial que viene a explicar esto: «No te montes películas en tu mente». Son energías que crean continuamente. Procura vibrar siempre en la energía del amor. Verás como tu vida mejora sustancial o completamente —dependerá de ti— si cambias tu actitud y elevas tus energías. Y, sobre todo, decreta siempre en positivo, recuerda que tú tienes el poder: «Yo soy…».

Si te ha gustado el libro, te aconsejo que vuelvas a leerlo, las veces que desees y cuando lo desees, pues siempre se captan mensajes nuevos que no se captaron con la primera lectura. Pero, especialmente, pon en práctica algún ejercicio de los que te propongo.

Te envío todo mi amor y mis mejores deseos.

Índice

Sobre la autora

Nacida en el seno de una familia humilde y trabajadora (Huelva, 1975), Sonia Heredia de la Rosa andaba perdida sin saber qué camino tomar, especialmente en el área laboral. Tras especializarse en Jardín de Infancia, y después de cambiar varias veces de rumbo, se ha ganado la vida limpiando, cocinando, dando clase, etc., hasta que, por fin, conoció el campo de la espiritualidad y la psicología. Comenzó a formarse mediante diferentes cursos y realizando terapias grupales y de autoayuda. Realizó los tres niveles de Reiki Usui Tibetano (a la espera de realizar la maestría), cursos de Técnicas Naturales, máster en Coaching Personal y máster en Programación Neurolingüística (PNL), y aún continúa aprendiendo y evolucionando.